儿童教育心理学

[奥]阿尔弗雷德·阿德勒 著
王 萍 译

民主与建设出版社
·北京·

© 民主与建设出版社，2020

图书在版编目（CIP）数据

儿童教育心理学 /（奥）阿尔弗雷德·阿德勒著；王萍译. --北京：民主与建设出版社，2020.5（2021.3）
ISBN 978-7-5139-2966-0

Ⅰ.①儿… Ⅱ.①阿… ②王… Ⅲ.①儿童心理学—教育心理学 Ⅳ.①G44

中国版本图书馆CIP数据核字（2020）第040151号

儿童教育心理学
ERTONG JIAOYU XINLIXUE

著　　者	［奥］阿尔弗雷德·阿德勒
译　　者	王　萍
责任编辑	胡　萍
装帧设计	嫁衣工舍
出版发行	民主与建设出版社有限责任公司
电　　话	（010）59417747　59419778
社　　址	北京市海淀区西三环中路10号望海楼E座7层
邮　　编	100142
印　　刷	三河市骏杰印刷有限公司
版　　次	2020年6月第1版
印　　次	2021年3月第2次印刷
开　　本	880毫米×1230毫米　1/32
印　　张	7
字　　数	140千字
书　　号	ISBN 978-7-5139-2966-0
定　　价	49.80元

注：如有印、装质量问题，请与出版社联系。

目录

第一章　导言 / 001
第二章　人格统一体 / 015
第三章　对优越感的追求与其教育意义 / 025
第四章　引导对优越感的追求 / 043
第五章　自卑情结 / 055
第六章　儿童的发展：防止自卑情结 / 067
第七章　社会情感及其发展障碍 / 081
第八章　儿童在家中的位置：关于家中位置的心理学知识及相应对策 / 095
第九章　新环境——对准备状况的考验 / 103
第十章　儿童的学校教育 / 115
第十一章　外部影响 / 131
第十二章　青春期与性教育 / 145
第十三章　教学法错误 / 159
第十四章　对父母的指导 / 169
附录一　个体心理学调查问卷 / 177
附录二　五个案例分析 / 185

第一章

导言

从心理学的角度来看，成年人的教育问题可被归纳为自我认知与理性自我引导问题。儿童的教育问题也可以被归纳为这些问题，但不同的是，因为儿童具有不成熟特性，引导在儿童教育中格外重要。当然，如果我们愿意，我们可以任由儿童自主发展；而且，如果他们有两千多年的自主发展时间和良好环境，他们最终会达到现代的成人文明水平。但这是不可行的，成人也必须关注儿童发展的引导。

我们在这方面面对的最大困难是无知。成年人很难了解自己，很难知道自己产生某些情绪、自己喜欢或讨厌某一事物的原因。简而言之，成年人很难了解自己的心理。所以，了解儿童的心理并在正确认知的基础上为儿童提供指导更是难上加难。

个体心理学将儿童心理作为研究对象，着重研究儿童心理本身、儿童心理对成年后的品质和行为的影响。而且，与其他心理学研究不同的是，个体心理学坚持理论与实践相结合。此外，个体心理学还强调人格的统一体，并着重研究其在发展与表现中的能动探索。从这个角度来看，科学的知识就是实践性知识，因为这些知识就是关于谬误的知识，获得此类知识的人（无论是心理学家、父母、朋友还是个体本身）都可以立即明

第一章　导言

了这些知识在人格指导中的实际应用。

受个体心理学研究方法的影响，个体心理学的学说环环相扣，构成了一个有机整体。个体心理学认为个体的行为是由人格统一体驱动和引导的，其对人类行为做出的所有解释都反映了体现在所有心理活动中的同一相互关系。我们将在这一章中整体说明个体心理学的观点，并在之后的章节中全面、详细地论述这里提及的各种相关问题。

个人发展的基本事实是心理的能动、目的性探索。儿童自婴儿时期便开始了自我发展的不懈探索。而且，这些探索与不知不觉中形成又始终存在的目标（变得伟大、完美和优越的愿景）一致。这一探索与目标形成活动反映了人类独有的思考和想象能力，并支配着我们一生中的所有具体行为。这甚至还支配着我们的思想，因为我们的思想并不是客观的，而是受我们形成的生活目标和生活风格影响。

人格的统一体隐含在每个人的生活中。每个人都会受到人格统一体的影响，并反过来对人格统一体进行个人塑造。可以说，个体即是画作，也是艺术家，也就是创造自己人格的艺术家。但个体既不是绝对可靠的创作者，也不是对灵魂和身体有全面认识的人——他是一个比较脆弱、不可靠且不完美的人。

在考虑人格的建构时，我们需要注意一个主要问题，即人格统一体、独特风格和目标不是基于客观现实建立的，而是基于个体对事实的主观认知建立的。个人对事实形成的概念或想法都不是事实本身。也正是因为这个原因，生活在同一个现实世界中的人们会塑造出不同的人格。每个人都会根据自己对事物的看法塑造自己，但有些个人观点是合理的，有些却是不合理的。我们必须始终正视个体发展过程中的这类错误和失败，尤其是在儿童早期发展过程中形成的偏颇认知，因为这些认知会对人生的后续阶段造成影响。

我们可以以下面这个临床案例为例：一位五十二岁的女士总是贬低比她自己年长的女性。她向我们讲述了这样一个事实，即在童年时期，她的一位姐姐得到了大家的关注，她总会因此感到羞惭和不被重视。从所谓的个体心理学"纵向"观点来看，我们会发现她在幼时和现在（也就是垂暮之年）的心理机制和心理动机是一样的：她害怕被人轻视，并且会在发现他人受到喜欢或偏爱时感到愤怒。虽然除此之外，我们对这位女士的生活和人格统一体一无所知，但根据上述两个事实，我们几乎可以将认识中的这段空白填补上。在这一点上，心理学家就像小说家一样：他需要按照明确的行为准则、生活风格或行为模式来建构一个个体，而且还应确保不会破坏整体人格印象。一位优秀的心理学家能够预测这位女士在特定情况下的行为，并可以明确伴随着其人格中的这条"生命主线"形成的个人品质。

与个体人格建构相关的探索或目标形成活动以另一个重要的心理学事实为基础，即自卑感。所有的儿童都有与生俱来的自卑感，这可以激发他们的想象力，并激励他们通过改善个人情况来消除心理上的自卑感。从心理学角度来看，通过改善个人情况来减轻自卑感是一种心理补偿机制。

但特别需要注意的是,自卑感和心理补偿机制会增加个体犯错误的可能性。自卑感可以促进目标的完成,但也可能引起纯粹的心理调节,这会导致个体与客观现实之间的差距扩大。又或者说,人们可能会产生非常强烈的自卑感,以至于必须通过发展心理补偿性格特征来克服自卑感。这种性格特征可能无法帮助克服问题,但在心理上是必要和不可避免的。

例如,有三类儿童表现出了明显的心理补偿性格特征。这些儿童就是具有先天性器官衰弱/缺陷的儿童,被严厉对待或缺乏关爱的儿童,以及被过分溺爱的儿童。

这三类儿童代表了三种基本情况,我们可以透过这三类儿童研究和了解较为正常的儿童的发展情况。并非每个儿童生来就是残疾,但令人惊讶的是,很多儿童在一定程度上显现出了通常由身体缺陷或器官缺陷引起的心理特质(即可在残疾儿童的极端案例中找到原型的心理特质)。其中,被溺爱和缺乏关爱儿童几乎都在一定程度上显现出了通常由身体缺陷或器官缺陷引起的心理特质(即可在残疾儿童的极端案例中找到原型的心理特质):他们会发展出通常由身体缺陷引起的心理特质,或通常由器官缺陷引起的心理特质,或者会同时发展出这两种的心理特质。

这三种基本情况都会导致不足感和自卑感的产生,而不足感和自卑感又会通过心理反应导致人们产生超出人类能力范围的雄心。自卑感和对优越感的追求一直是个人发展的一个基本事实的两个阶段，是不可分的。我们在病理学上很难确定造成更大危害的是过分的自卑感，还是对优越感的过分追求。这两者在一定程度上呈现规律性的起伏。我们发现，儿童会因为过分的自卑感而出现过分的雄心，这就像是灵魂的毒药，让儿童永远不会感到满足。但这样的不满不会导致有益的行为；相反，这种不满是毫无结果的，因为这是由超出能力的雄心引起的。这种雄心通常从儿童的品格特征和行为中反映出来。它会对个体造成永久刺激，使个体变得过度敏感，时刻防备自己被伤害或忽视。

显现出这一性格的儿童（个体心理学年鉴中经常提及这类儿童）通常会发展成为能力处于潜伏状态的个体，成为我们所说的"神经质"或古怪的个体。在受到过度的推动时，这些类型的人们会做出不负责任或触犯法律的行为。这是因为他们只考虑自己，不考虑他人；不管是在道德还是心理上，他们都是绝对的自我主义者。此外，我们还发现他们中的一些人会逃避现实和客观事实，并为他们自己构建一个新的世界；他们通常会做白日梦，沉浸在虚构的幻想中，以此来躲避现实，从而最终获得心理平和。简而言之，他们通过在脑海中构建虚幻的现实来调和现实与心理感受。

对于这些性格特征的发展，心理学家和父母需要注意的一个重要判据是儿童或个体表现出来的社会情感。社会情感是正常发展的关键和决定性因素。可导致社会或集体情感减少的任何干扰都会对儿童的心理发育造成极大的危害。社会情感是儿童心理状态的晴雨表。

个体心理学中的教育学方法就是根据社会情感原则制定的。父母或监护人不能让儿童只依附于一个人。如果任由这种情况发生,儿童就不能为之后的生活做好充分准备。

确定儿童的社会情感的一个有效方法是观察他在入学时的表现。在进入学校后,儿童将会遇到他们需要面对的一个最早、最严峻的考验。对于儿童来说,学校是一个新环境,所以入学时的表现可以揭示儿童是否准备好面对新情境,特别是是否准备好认识新人员。

人们通常缺乏帮助儿童做好入学准备的知识,这就是很多成年人在回想学校生活时感觉那就是一场噩梦的原因。当然,在适当管理的情况下,学校通常可以弥补儿童早期教育中的不足。理想的学校应该成为家庭和广阔现实世界的中介,而且,学校还应该成为学习生活知识和艺术的地方,而不仅仅是学习书本知识的地方。不过,除了等待创办理想的学校来克服家长教育中的缺陷之外,我们还可以着手纠正父母在教育中所犯的错误。

学校可以被用作一个评价指标来分析家庭教育中的错误,这主要是因为学校还不是一个理想的环境。那些没有学会如何与他人相处的儿童会在进入学校后感到孤独。他们因此会被认为是特殊的,这反过来会加剧最初的倾向。这样,这些儿童的正常发展会受到影响,他们最终会变成行为问题儿童。在这种情况下,人们会把问题归咎到学校,但学校只是暴露了家庭教

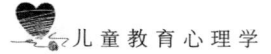

育中的潜在缺陷。

行为问题儿童能否在学校取得进步一直是个体心理学领域中的一个未决问题。我们可以证明的是，儿童在学校开始遭遇失败是一个危险的信号。这不是学习失败的信号，而是心理发展失败的信号。这意味着儿童开始对自己失去信心。他们开始感到气馁，并开始避开积极的路径和正常的任务，转而寻找其他出口，寻找一条可以获得自由且容易成功的路径。相对于社会制定的大道，这类儿童会选择一条个人路径，以获得优越感，从而补偿自卑感。他们会选择通常对气馁的个体有吸引力的路径，即可以快速获得心理成功的路径。与遵循既定的社会路线相比，抛却社会与道德责任和违反规则可以让他们变得突出，并获得一种征服者的感觉。但无论外在行为看起来多么勇敢，选择获得优越感的简单路径是内心懦弱和无力的一种体现。这样的人通常只会尝试做他确信会成功的那些事情，以展示他的优越感。

正如无论犯罪分子表面上看起来无所畏惧，他们的内心卑怯一样，我们会发现处境没有那么危险的儿童的内心也存在无力感。我们可以通过各种小迹象发现他们的无力感，例如，一些儿童不能够直立站立，反而需要依靠其他物体（有些成年人也是如此）。根据儿童教育惯例和对这些迹象的传统理解，人们只会对这个表象进行纠正，且会忽略这个表象所代表的根本情况。人们通常会对这样的孩子说"别一直靠在其他物体上"。但事实上，这个问题的重点不是儿童依靠其他物体，而是儿童需要支持的感觉。人们可以通过惩罚或奖励的方法使儿童放弃这种表面迹象，但不能由此来缓解儿童对支持的强烈需求。问题依旧存在。一位优秀的教育工作者应该能够读懂这些迹象，并通过体恤和理解来根除潜在的问题。

我们通常可以通过单一的迹象推论出儿童存在很多特性或性格特征。比如，在一个儿童表现出依靠其他物体的迹象时，我们可以立即看出他一定存在诸如焦虑和依赖之类的性格特征。将这名儿童与我们熟知的其他类似儿童比较，我们可以重新构建出这名儿童的人格，并发现这类儿童是受到溺爱的那类儿童。

现在，我们来看看另一类儿童（也就是缺乏关爱的儿童）的品格特征。我们可以通过研究所有人类公敌的传记来了解此类儿童的品格特征（这些品格特征在这些人身上得到最大发展）。在这些人的生活故事中，最明显的一个事实是他们在童年时期受到了虐待。就是因为这个原因，他们形成了冷酷的性格，变得嫉妒而又怨恨。他们无法容忍别人获得幸福。不仅恶棍具有这类嫉妒心理，一些正常人也存在这类心理。这些个体在照顾儿童时会认为儿童不应该比幼时的他们更加快乐。我们发现不仅有些父母对他们的孩子持有这种观点，有些看护人也对交由他们看管的孩子抱有这种观点。

他们的观点和想法并不是出于恶意，只是简单反映了在成长过程中受到严厉对待的人的心态。这类人员可以拿出很多有力的理由和格言，例如，"孩子不打不成器"。此外，他们还会向

我们提供众多的证据和示例，不过，这些证据和示例无法让我们信服，因为相关事实证明，严格、专断的教育会使儿童与其教育者疏远。

通过探索各种征兆及它们之间的相关性，心理学家可以在一系列的实践后建立一个人格系统。借助这个系统，我们可以揭示个体的隐秘心理过程。虽然我们通过这个系统研究的每个点均可以反映个体的整体人格的某个部分，但只有在研究中的每个点的指示相同时，我们的研究才算成功。个体心理学既是一门艺术，也是一门科学，我们不能将个体心理学中的推测方案（即概念体系）呆板、机械地应用到被研究的个体身上。在所有的研究中，我们首先要对个体进行研究；我们不能根据一种或两种表现形式得出具有深远意义的结论，而是应该探索所有可能的支持阶段。只有在成功确定我们提出的实验性假设时，只有在我们能够在个体行为的其他方面找到，例如，相同的偏执或沮丧时，我们才可以肯定地表示其整个人格中具有偏执或沮丧。

我们需要记住的是，研究中的受试者对他自己的表达形式并不了解，因此不能隐藏真实的自我。我们可以根据受试者的行为了解他的人格，因为他的人格不是体现在他对自己的描述和想法中，而是体现在他在各种环境中表现出的行为上。这并不是说患者故意向我们说谎，而是我们应该辨别个体的有意识思维和无意识动机之间的巨大鸿沟。一位客观而又体谅儿童的局外人可以很好地将两者联系起来，因此作为局外人的心理学家、父母或老师应该学会根据被视为个体无意识、目的性探索的表现的客观事实来解释个体的人格。

因此,个体对涉及个人和社会生活的三个基本问题的回答最能揭示真实的自我。其中,第一个问题涉及社会关系,我们已经在讨论主观和客观事实看法之间的差异时谈到过这个问题。但除此之外,社会关系还表现为一种特殊任务,即交朋友和与其他人相处。那么,个体如何看待这个问题?他的答案是什么?如果一个人表示他对朋友问题、他对社会关系问题完全不关心,认为可以以此来避免该问题,那么,他的答案是漠不关心。当然,根据这个漠不关心的态度,我们可以就其人格的发展方向和组成得出相应结论。此外,需要注意的是,社会关系不仅仅局限于交朋友和与人相处中,它还包括诸如友谊、同伴关系、真诚和忠诚,以及与这一关系有关的所有抽象品质,而个体对社会关系的回答可以表明个体对所有这些问题的回答。

第二个基本问题涉及个体希望如何利用他的生命,也就是他想在劳动分工中扮演什么角色。如果说社会关系是由多个自我的存在、由我—你之间的关系决定的,那这个问题就是由人类—世界的基本关系决定的。如果我们可以将所有的人类归纳成一个人,那么这个人与地球之间存在相互关系。他想从地球中获得什么?就像第一个问题一样,这个职业问题的答案不是单方面或私人的,而是涉及人类与世界之间的关系。这是一个双边关系,人类不能按照自己的方式处理所有问题。成功并不是由我们的私人意志决定的，而是与客观现实有关。为此，个体做出的回答，以及他做出回答的方式可以揭示他的品格及其对生活的态度。

第三个基本问题的根源是人类分为两种性别的事实。这个问题的答案依旧不是一个个人、主观的事情，人们必须根据两性关系的内在客观逻辑回答该问题。我对异性的态度是什么？认为这是一个个人的、主观问题同样是错误的。人们只有在仔细思考围绕两性关系的所有问题后才能得到正确的答案。而且，偏离爱情和婚姻问题的正确答案的任何回答都表明存在一个错误，即人格中的错误。此外，我们还应该根据潜在的人格错误来解读该问题的错误答案导致的诸多有害结果。

因此，我们可以根据个体对这三个问题的回答来确定他的整体生活风格和独特目标。其中，个人的独特目标具有重要影响：它可以决定一个人的生活风格，且将会体现在个体的所有行为中。因此，如果这个目标是努力成为同伴，即指向生活中的积极方面，这个目标将体现在个体处理所有问题的解决方案中，所有问题解决方案将体现出建设性作用，而且，个体将获得建设性和积极活动带来的幸福感、价值感和力量感。如果这个目标指向其他方向，例如，如果这个目标指向生活中的私人、消极方面，这个人将无法解决基本问题，也无法获得问题正确解决带来的愉悦感。

所有这些基本问题之间具有紧密的相互关系，而在社会生活中，源自这些基本问题的具体任务只能在社会或公共背景中

第一章　导言

（换句话说，只能需要通过社会情感）正确完成，这让这些基本问题之间的联系变得更加紧密。在童年的最初几年，也就是感觉器官正在按照社会生活的刺激发展时，这些任务就已经开始出现，且主要出现在观察、说话、听力方面，也就是我们与兄弟、姐妹、父母、亲戚、熟人、伙伴、朋友和老师之间的关系方面。这些任务在个体的一生中都有存在，所以脱离了与其同伴的社会联系的人是失败的。

因此，个体心理学坚定地认为对社会有用的东西才是"正确的"。这表明任何背离社会标准的行为都是不正确的，且与客观规律和客观现实必要性相冲突。首先，与客观性的冲突会让背离社会标准的个体产生无用感，而且还会让那些受侵害的人产生打击报复心态（这一效应甚至更加强烈）。最终，对社会标准的背离可以说是违反了我们有意识或无意识支持的内在社会理想。

个体心理学着重强调社会意识是发展的一项检测标准，认为可以根据社会意识理解并评估儿童的生活风格。因为在面临一个生活问题时，儿童会立即表现出他是否做好"正确"准备，就像在接受测试一样。换句话说，他会表现出他是否具有社会情感，是否具有勇气、理解力，以及积极的目标。之后，我们需要探索的是其向上奋斗的形式和节奏、自卑的程度以及社会意识的强度。所有上述因素紧密相连、相互贯通，形成了一个有机且牢不可破的统一体，即一个在发现构造错误并完成重建之前牢不可破的统一体。

第二章

人格统一体

儿童的心理是非常奇妙的，其各个方面都令人着迷。而最奇妙的或许是人们必须展开儿童生活的整个画轴才能理解单一事件，即儿童的每个行为似乎都是其整体生活和人格的表现，在不了解不可见背景的情况下无法理解儿童的单个行为。我们将这个现象称之为人格的统一体。

人格统一体的发展就是行为与表达相互协调，最终形成一个模式的过程，这在幼年时期就开始了。生活迫使儿童以统一的方式做出反应，这种统一方式不仅是构成儿童性格的因素，也是使儿童的每个行为个性化、使儿童的行为有别于其他儿童的类似行为的因素。

然而，人格统一体这个事实被大多数心理学派忽视，即便没有被完全忽视，它也没有获得应有的注意。这导致的结果就是在心理学理论和精神疾病治疗方法中，特定行为或特定表达通常会被分离出来，并被作为一个独立项单独考虑。人们有时将此类行为或表达称为情结，并通常认为可以将此类行为或表达与个体的其他活动分开。这种做法无异于从整个旋律中挑选出一个音符，并试图脱离整个旋律中的其他音符来理解这个音符的含义。这个做法是不正确的，但遗憾的是，这个做法得到了广泛应用。

第二章 人格统一体

个体心理学并不赞同这个被广泛应用的谬误。这个谬误在被应用到儿童教育中时会造成更大的危害。在儿童教育中，这个谬误主要体现在惩罚中。当一个儿童做了一些会招致惩罚的事情时，人们通常会怎么做呢？诚然，从某种意义上来说，人们会考虑儿童的人格所产生的总体印象，但这对儿童往往更不利，因为如果儿童经常重复一个错误，教师或父母会对儿童产生一种偏见，认为他是不可救药的；而对于平时表现良好的儿童，人们通常会因为良好的总体印象而给予较为温和的惩罚。但在这两种情况下，我们都没有全面理解儿童的人格统一体，没有找到问题的根本原因。我们这么做就与试图理解从整个旋律中分离出来的几个单独音符一样。

在我们向一个儿童询问他为什么会懒惰时，我们不能期盼他知道我们想要知道的基本联系。我们也不能期盼儿童告诉我们他为什么说谎。千年来，对人类本性有着深刻认知的苏格拉底的一句言论一直在我们耳边回响："最难的是认识自己"。鉴于此，我们又怎么能够要求儿童回答心理学都难以回答的问题呢？为了理解单个表达的重要意义，我们需要通过适当的方法理解整体人格。这并不意味着需要描述他做了什么，他如何行动，而是需要了解儿童以什么样的态度看待摆在他面前的任务。

下面这个事例就表明了了解儿童生活的完整背景的重要性。这个事例涉及一个十三岁的男孩。在这个男孩五岁的时候，他的妹妹出生了。在五岁之前，这个男孩一直是家里的独子，度过了最好的时光。他身边的人都愿意满足他的所有愿望。毫无疑问，男孩的母亲对他宠爱有加，而男孩的父亲和蔼、安静、非常喜欢男孩对他的依赖。这个男孩与母亲的关系比较亲密，因为他的父亲是一名军官，经常离家在外。男孩的母亲是一位聪明、善良的女性，会尽力满足这个依赖他人又任性的儿子的所有念头。不过，她经常会因为这个男孩表现出的不良、威胁性行为感到烦恼。他们之间的关系变得紧张，这主要表现在这个男孩一直专横地对待他的母亲——命令她、戏弄她，也就是随时随以令人讨厌的方式让他自己变得突出。

这个男孩的行为让他的母亲感到很烦恼。但因为这个男孩没有其他特别糟糕的行为，他的母亲最终选择迁就他，帮他收拾整理衣服，辅导他完成学校作业。这个男孩一直确信他的母亲会帮助他解决他遇到的任何困难。毫无疑问，他是一位聪明的孩子，并与其他儿童一样接受了良好的教育。而且，在八岁之前，这个男孩在小学的表现一直不错。但之后，他发生了巨大的转变，这导致他与父母之间的关系变得非常糟糕。他不仅完全不顾自己，变得懒散，以此让他的母亲生气，还会在他的母亲没有提供他想要的东西时撕扯她的头发；他从来不让她有片刻的安静，不是掐她的耳朵，就是拉她的手。他从未放弃自己的这些策略，而且随着妹妹慢慢长大，他更加坚持他设计的行为模式。而且，他的妹妹很快就成了他的目标。这不是说他对他的妹妹造成了实质性伤害，而是他对她的嫉妒变得非常明显。他的恶劣行为可被追溯至他的妹妹出生并获得家人关注的时候。

第二章 人格统一体

需要特别强调的是，在这样一种情况下，即当一个儿童的行为越来越恶劣，或出现一些令人讨厌的新行为时，我们需要考虑这种情况开始出现的时间，以及出现这种情况的原因。"原因"这个单词的使用有些勉强，因为人们无法理解为什么妹妹的出生会使哥哥成为一个问题儿童。不过，这种情况经常发生。这种关系应该被视为儿童的一个错误态度，这不是严格意义上的物理学因果关系，因为我们不能说一个小孩子的出生一定会使年长的孩子变坏。我们可以说当一块石头掉落时，这块石头一定是以一定的方向和特定的速度掉落的。但个体心理学的研究表明在心理"坠落"中，严格意义的因果关系并不起作用，影响个体未来发展的只有个体所犯的错误。

在人类心理发展过程中出现各种错误是不足为奇的，这些错误及其后果会集中体现为一些失败和错误定向。所有这些都是由心理的目标设定活动引起的，因为该目标设定活动涉及个人的判断，即犯错误的可能性。目标设定或决定活动在很早就开始了。一般说来，在二至三岁的时候，儿童会为他自己设定一个变得优越的目标，这个目标会一直引导着他的行为，并促使他以自己的方式努力。目标的确定通常涉及不正确的判断；但目标形成后会对儿童有一些约束、控制力。儿童会将他的目标具体落实到他的具体行为和整个人生安排中，从而为实现这个目标而不断努力。

我们必须铭记儿童的发展取决于个体对事物的解读；我们还必须认识到在儿童遇到新的困难情景时，他的行事离不开已经形成的错误圈子。我们知道,特定情况对儿童造成的印象(就其深刻程度和本质来说)并不取决于客观事实或环境(例如,第二个孩子的出生),而是取决于这个儿童如何看待这个事实。这有力地驳斥了因果关系:客观事实与其绝对意义之间有着必然联系,但与事实的错误看法之间没有必然联系。

人类心理中最引人注意的一点就是我们的定向取决于我们自己的观点,而非事实本身。这是一个非常重要的事实,因为我们的所有活动都是基于这一点调节的,我们的人格也是基于这一点构建的。凯撒大帝登陆埃及时发生的一个插曲就是人类主观观点在其行为中发挥重要作用的典型事例。凯撒大帝在跳上岸时被绊了一跤,摔倒在地,这在罗马士兵眼中是不吉利的预兆。如果凯撒大帝没有伸出双臂大喊"我得到你了,非洲!",这些勇敢的罗马士兵就会转身回去。由此可见,对现实的建构并不是必然的,其往往是经过了有序、完整人格的加工。这在群氓心理及其与理性的关系中也是如此:如果群氓心理状态被常识取代,这并不是因为群氓心理或常识理性是由相关环境的因果关系决定的,而是因为这两者都代表自发的观点。通常,常识只会在错误的观点被排除后才出现。

现在,我们再回到上述那个男孩的案例中。这个男孩很快就会发现自己陷入一个艰难的处境中。所有人都不再喜欢他,他在学校中没有取得任何进步,但他还是以同样的方式行事。他的行为总是让别人感到烦扰,并慢慢成为其人格的完整表达。那么,接下来发生了什么呢?每当他烦扰到别人时,他会

第二章 人格统一体

受到惩罚。他的学习成绩越来越差，他的父母会收到投诉信。事情就这样继续下去，最后，他的父母被建议将这个男孩从学校接走，因为他似乎并不适应学校生活。

或许这是这个男孩最乐意看到的结果。其他任何结果都不是他想要的。这个男孩的态度再一次体现了其行为模式的逻辑一致性。这是一种错误的态度，但在形成后一直都有所体现。当他将自己的目标设定为获得众人的关注时，他犯了一个基本的错误。而且，如果他需要因为任何错误而受到惩罚，这应该是他接受惩罚的原因。正是因为这个基本错误，他一直试图让他的母亲照顾他。也正是因为这个基本错误，他表现得就像一个在享受八年的绝对权力后被突然剥夺了王位的国王一样。在他被废黜之前，他只依附于他的母亲，他母亲的关注也只在他身上。之后，他的妹妹出生了，他做出了激烈斗争，想要夺回他失去的王位。这依然是上文所述的基本错误引起的，但需要承认的是，这个错误并不涉及任何内在劣根性或恶习。在儿童陷入一个他完全没有准备的环境中，且只能在没有任何指导的情况下努力时，恶习会开始形成，例如，一个儿童只对一种情况做好准备，即他人全心全意为他服务的情况，但情况突然变得完全相反：这个儿童进入学校，在那里，老师将注意力分散到很多人身上，而且会在某个孩子要求超过其应得份额的关注时感到愤怒。对于受溺爱儿童来说，此类情况是非常危险的，但刚开始时，儿童并没有恶习，也不是积习难改的。

在这个案例中，这个男孩的个人生活规划与学校要求的生活规划产生了冲突。我们可以构想儿童的人格方向和目标以及学校生活设定的目标，从而简单地了解这个冲突。儿童与学校的目标指向不同的方向。儿童生活中发生的一切都是由他的目标决定的，而且可以说在他的整个体系中，任何行动都是按照目标的方向采取的。但另一方面，学校希望每个儿童都有正常的生活规划。因此，这种冲突是不可避免的，但学校未能理解这种情况下的心理事实，也未能做出任何让步或试图消除这种冲突的来源。

我们知道，上文所述的那个儿童的生活都被一个主要欲望激励着，即让他的母亲为他服务，且只为他服务。在他的心理规划中，所有事情都是围绕着这个想法设定的：我必须霸占我的母亲，我必须占有她的所有关注。但是，人们对他还有其他期待。例如，人们希望他能够独立完成学校任务，希望他能够保管好他的课本和练习簿，希望他能够把他的东西整理好。这就如同将马车套在一匹桀骜不驯的野马身上一样。

在这个案例中，这个男孩的表现并不好，但当我们知道真实情况后，我们更倾向于理解他。在学校对这个男孩进行惩罚是没有效果的，因为这只会让他相信他不适应学校生活。当他被学校开除时，或当他的父母被要求将他从学校带走时，这个男孩离他的目标就更近了。他的错误统觉方案就像一个陷阱。他感觉他胜利了，因为他现在真的霸占了母亲的关注，她必须将她的关注再次放在他身上。这正是他所希望得到的。

当我们认识到事情的真实情况后，我们必须承认因为一个或另一个错误来惩罚儿童的做法是没有效果的，我们可以以忘记带书为例，他肯定会忘记，因为当他忘记带课本时，他可以制造一些事情让他的母亲处理。这不是一个孤立的个别行为，而是其整个人格模式的一部分。当我们认识到一个人格的所有表达都是一个整体的构成部分时，我们就会明白这个男孩只是按照他的生活风格行事。而且，他一直按照他的逻辑行事的事实可以有力反驳他无法完成学校任务是因为低能的假设。一个低能的人无法贯彻他自己的生活风格。

这个高度复杂的案例还引出了另一个问题。我们所有人的情况都与这个小男孩的情况相似。我们自己的规划、我们自己对生活的解读不会与公认的社会传统完全一致。在过去，人们把社会传统看作是神圣不可侵犯的；不过，我们现在已经认识到人类社会制度并不是神圣或固定的。这些社会制度一直处于发展状态，而其发展的动力就是社会中的个体的努力。社会制度是为了个体而设立的，个体却不是为了社会制度存在的。个体的拯救确实依赖于社会意识，但社会意识并不意味可以迫使个体进入一个强求一致的社会模式。

基于个体心理学的学说进行的个体与社会的关系的这些思考特别适用于学校系统及学校对不良适应儿童的治疗。学校应该试着从人格统一体，从需要培养和发展的价值观来看待儿童，同时应该尝试使用心理学分析来判断特定行为。正如我们所说的，不能将这些特定行为视为单一的音符，而是应该将其放在人格统一体这个整个旋律中考虑。

第三章

对优越感的追求与其教育意义

除了人格统一体之外，人性的另一个重要心理事实是对优越感和成功的追求。当然，这种努力与自卑感具有直接关系，因为如果我们不感到自卑，我们就不会有超越现状的欲望。优越感的追求与自卑感实际上是同一个心理现象的两个阶段，但为了便于说明，我们将这两个问题分开阐述。在本章节中，我们将着重论述对优越感的追求及其教育意义。

关于对优越感的追求，人们提出的第一个问题可能就是这是否是天生的，就像生物本能一样。对于这个问题，我们只能说这个假设的可能性很小。我们没有确切的证据表明对优越感的追求是天生的。但我们必须承认，对优越感的追求以某种雏形核心的形式存在，具有发展可能性。或者，我们可以说人类本性与对优越感的追求具有相关关系。

我们知道，人类活动局限在特定的范围内，而且有些能力是我们永远无法获得的。例如，我们不能获得犬类的嗅觉能力，也不能用我们的眼睛感知光谱中的紫外线。但有一些机能水平是可以得到进一步发展的，而这种进一步发展的可能性正是追求优越感的生物学根据和人格心理演变的根源。

据我们所知，儿童和成年人都有在所有情况下表现自我的能动欲望，这是没有办法消除的。人类本性不能容忍永远的屈

第三章　对优越感的追求与其教育意义

服；人类甚至推翻了神灵。被侮辱和轻视的感觉，以及不确定和自卑的情绪都会致使人们产生一种达到更高层次、获得补偿和实现圆满结果的欲望。

此外，我们还可以证明，儿童的这一性格特征受到环境影响，即这些环境力量会使他们产生自卑感、无力感和不确定感，这些反过来会刺激、影响儿童的整个心理生活。由此，这些儿童将目标定为将他们自己从这种状态中解脱出来，达到一个更高水平，从而获得平等感。而向上的愿望越强烈，儿童设定的目标就越高，希望以此获得证明其实力的证据，但这些证据往往超过了人类力量的极限。儿童有时可以从各个方面获得一些支持，因此会设想在未来成为上帝一样的全能人物。儿童的某些想象表明他们会幻想自己与神灵相似。这种情况通常出现在那些具有无力感的儿童中。

例如，一个十四岁儿童的心理状况非常糟糕。当他被问及童年印象时，他回忆说在六岁时，他因为自己不会吹口哨而感到万分痛苦。但有一天，在他从家里走出来时，他成功吹响了口哨。他感到非常惊讶，认为是上帝附在他身上吹响了口哨。这个事实明确表明，无力感与接近上帝的想象之间存在紧密的关联。

对优越感的追求与突出的性格特征有关联。我们通过观察可以发现这类儿童的全部雄心。当自我肯定的欲望变得非常强烈时，这类儿童还会产生嫉妒情绪。这类儿童很容易养成希望他们的竞争对手发生各种不幸的习惯；而有时，这些儿童不仅仅是希望（这通常会导致神经症），还会故意惹麻烦、伤害他人，甚至偶尔会表现出明显的犯罪特征。这类儿童可能会造谣诽谤、泄露内部秘密，并贬低其他同伴，并会因此感觉自我价值的提升。在这些儿童感觉被别人观察时，情况更是如此。他们不允许任何人超越他们，所以他们并不在乎是他们的自我价值得到提升，还是其他人的价值降低。当这种对力量的渴望变得非常强烈时，这种渴望就会表现为怨恨、怀恨在心。这些儿童总是会表现出好战和挑衅的态度，这种态度会在其外表中体现：体现在他们眼中闪烁的光芒中，突然爆发的怒火中，以及在与假想敌战斗的准备中。对于那些以优越感为目标的儿童来说，接受考验是一件非常痛苦的情况，因为这样一来，他们的无价值很容易就会暴露出来。

这一事实表明，测试应该适应儿童的情况。对每个儿童来说，测试的意义并不相同。我们经常发现，一些儿童认为测试是一项非常艰巨的任务，他们在进行测试时脸色涨红或发白，并开始结巴和颤抖，而且会被害羞和恐惧所麻痹，大脑变得一片空白。有些儿童只能在与其他人一起时才可以回答问题，因为他们感觉其他人正在观察他。这种对优越感的追求也会在戏剧中体现出来。对优越感具有强烈渴望的儿童无法接受其他人扮演骑马者而他自己扮演马的角色。这类儿童总希望自己扮演骑马者，并总是试图领导和指挥他人。在他因为过去的经验而不能担任此类角色时，他就会通过干扰别人的游戏来让自己满足。如果他接二连三的失败，并变得更加气馁，他的雄心会受

第三章　对优越感的追求与其教育意义

挫，任何新的情况都会让他后退，而不是激励他向前。

那些雄心勃勃、没有受到挫折的儿童会对各种竞技游戏感兴趣。在遭遇失败时，他们会表现出惊慌失措的样子。我们通常可以根据最喜欢的游戏、故事、历史人物和人员来推测儿童的自我肯定欲望和方向。我们发现具有雄心的成年人通常会崇拜拿破仑，因为拿破仑是拥有雄心的典型人物。此外，白日梦中的狂妄自大也通常表明存在强烈的自卑感，这种强烈的自卑感会刺激气馁的人们躲避到脱离现实的幻想中寻找满足和陶醉。睡梦中出现同样的情况也是由于类似的原因。

儿童在追求优越感时会选择不同的方向，这些方向之间的差异可以被划分到特定类别中。不过，我们不能进行精确的类别划分，因为这些差异繁多，且主要取决于儿童自己信心的多少。发展没有受到阻碍的儿童会将对优越感的追求指向可实现有益成就的路径：他们试图获得老师的喜爱，有条不紊地做事情，并发展成为正常的少年学生。但是，根据经验可知，这种情况并不占多数。

还有一些儿童想要超过其他人，并为此做出了高强度的努力。这种努力通常是表明儿童拥有过分雄心的一种迹象，但这个迹象很容易被忽视，因为我们习惯把雄心看作是一种优点，且会激励儿童做出进一步的努力。但这种做法通常是错误的，因为这会使儿童在发展中设定过分的雄心。而不断膨胀的雄心会致使紧张状态的产生。对此，儿童只能承受一段时间，且不可避免地会表现出压力逐渐增大的迹象。这类儿童大部分时间会留在家里看书，很少参加其他活动。而且，此类儿童经常会因急于上学而避免其他问题。我们不能对此类发展感到完全满意，因为在这种环境下，儿童的心理和身体无法得到健康发展。

这类儿童为了超过所有其他人而安排的生活并不很合适儿童的正常成长。人们应该不时提醒他不要将大部分时间用在看书上，要出去呼吸新鲜空气、和他的朋友一起玩耍，或者做其他事情。虽然这类儿童并没有占大多数，但这种现象时有发生。

此外，还有一个经常发生的情况，就是一个班级中的两个学生暗中竞争。有机会对这类儿童进行密切观察的人会发现，进行此类竞争的儿童有时会形成不是特别令人满意的品质。他们会变得容易嫉妒和猜忌，当然，独立、和谐的人格不应该包含这些品质。他们会因为其他儿童的成功感到烦恼，而且，在其他人取得进展时，他们会开始出现神经性头疼、胃疼等。当其他儿童受到表扬时，他们会退到一边，永远不会称赞别人。这是嫉妒的迹象，但不能明显地说明儿童存在过分的雄心。

这类儿童通常不能与他们的同伴友好相处。他们在每件事中都希望起到主导作用，并且不愿意服从游戏的总体指挥。这样的结果就是他们不喜欢与其他人一起玩游戏，且对他们的同学态度傲慢。他们与同学的每次接触都是不愉快的；而且，越是这样，他们越发觉得自己的处境不安全。这类儿童不确定自己会成功，而且，当他们感到不确定时，他们会感到慌乱。他

第三章 对优越感的追求与其教育意义

们会因为别人对他们的期望,以及他们自己对自己的期望而背负过重的负担。

这类儿童可以敏锐地觉察到家人对他们的期望。他们会带着激动而又紧张的情绪完成摆在他们面前的每一项任务,因为他们希望超过所有其他人,成为"耀眼的明星"。他们会因为寄托在他们身上的希望感到负担,但只要环境有利,他们仍然会承担这份负担。

如果人们了解相关绝对真理并能够找到帮助儿童避免此类问题的完美方法,行为问题儿童可能就不会出现。然而,鉴于我们没有找到此类方法,而且我们不能合理地安排儿童学习所需的必要条件,儿童过分期待成功明显是一件极其危险的事情。在面对困难时,他们的感受与没有负担此类不健康雄心的儿童截然不同。我们在这里所说的困难是指那些不可避免的困难。我们无法且可能永远无法防止儿童遇见困难。其部分原因是我们的方法不当,我们的方法并不适用于每一名儿童,需要得到进一步的改进,我们也一直在不断地进行改进。其另一个原因是受过分雄心的影响,儿童的信心被削弱了。在面对困难时,他们没有克服困难所需的勇气。

雄心过大的儿童只关心最终结果,认为这是对他们的成功的认可。如果没有认可,成功本身并不会令人满意。我们知道,在许多情况下,儿童在遇到困难时保持心理平衡比实际尝试克服这些困难更为重要。但是,雄心过大的儿童并不知道这一点,他们无法失去他人的钦佩。最终结果就是,随处可见大

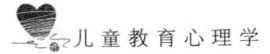

量依赖他人评价的人。

在面对价值评价时保持心理平衡感是非常重要的,这可以在那些具有先天器官缺陷的儿童身上看到。这类情况是很常见的。很多儿童的左侧比右侧发育得更好。但人们通常并未认识到这个事实,所以在右手文明中,惯用左手的儿童通常会遇到很多困难。因此,我们需要通过特定的方法来确定一个儿童是惯用右手还是左手。我们发现惯用左手的儿童几乎都会在写作、读书和绘画方面遇到异常的困难,而且他们的双手通常比较笨拙。判断一个儿童是否天生惯用左手一个简单但并不是完全确定的方法是要求儿童双手交叉。惯用左手的儿童通常会将左手拇指放在右手拇指之上。令人震惊的是,我们发现很多人天生是惯用左手的,但他们并没有意识到这一点。

在对大量惯用左手的儿童的成长历史进行调查时,我们发现了以下事实:第一,此类儿童通常被认为是笨拙的(在符合右手习惯的安排中,这不足为奇)。对于这种情况,我们只需要想象一下在习惯于右行交通后,在一个左行交通的城镇(例如,英国或阿根廷)横过马路时的困难就可以了解了。如果一个家庭的其他成员都惯用右手,惯用左手的儿童的处境就会更加糟糕。因为使用左手的习惯会干扰到他的家人和他自己。此外,在学校学习写字时,这类儿童开始会表现得比其他儿童差,而且因为这个理由不能被理解,他们会受到责骂、获得较差的成绩,且经常会受到惩罚。这类儿童没有办法解释这一情况,只能相信他们在某些方面的能力不如他人。他们因此会产

第三章 对优越感的追求与其教育意义

生受到限制、在某种程度上处于劣势，或比不上其他人的感受。他们在家里也会因为笨手笨脚而受到责骂，这加剧了他们的自卑感。

这不能被视为最后的失败，但还是有很多儿童在这样令人沮丧的情况下放弃了奋斗。因为他们不了解真实情况，也没有人告诉他们如何克服他们的困难，所以他们很难继续奋斗下去。正是因为这个原因，很多人没有进行充分的右手锻炼，以至于他们的笔记难以辨认。不过，这个障碍是可以被克服的，很多惯用左手的人成了优秀的艺术家、画家和字迹雕刻家的事实就可以证明这一点。这些人虽然天生惯用左手，但他们通过训练发展了右手使用能力。

有一种盲目的观点表示，如果惯用左手的人训练使用右手，他们会变成结巴。这个盲目观点出现的原因是这类儿童面对的困难有时非常大，以至于他们失去了开口说话的勇气。这也正是大量惯用左手者还表现出其他形式的沮丧（神经过敏、自杀、犯罪、精神反常等）的原因。但另一方面，那些克服惯用左手障碍的人通常会在生活中获得更高的地位，这种情况在艺术界经常发生。

尽管惯用左手这个特征微不足道，但依然为我们提供了一些非常重要的信息，即在我们将儿童的勇气和毅力催发至某一点之前，我们不能对儿童的能力做出判断。在我们吓坏儿童，带走他们对美好未来的希望后，他们或许看上去仍然能够继续前行。但如果我们激发他们的勇气，这些儿童将能够完成更多的任务。

有过度雄心的儿童通常处于不利的处境，因为人们习惯根据儿童的成功，而非他们面对困难、克服困难的准备情况对儿童进行评判。而且在现代文明中，人们还习惯于关注明显的成功而不是全面教育。但我们知道，容易获得的成功是非常短暂的。因此，促使儿童建立过度雄心是没有任何益处的。最重要的是让他们变得勇敢、不屈不挠和自信，让他们认识到不应该因为失败而气馁，而是应该将失败作为新的问题处理。如果老师可以辨别儿童在哪一点的努力看起来是徒劳的，以及儿童是否在开始就做出足够的努力，问题肯定会容易很多。

因此，我们可以发现，对优越感的追求可以体现在某一种性格特征上。有些儿童对优越感的追求最初体现在过分的雄心上，但他们之后放弃了这个雄心，因为其他儿童已经领先很多，他们的雄心无法实现。很多教师习惯于严厉对待那些没有足够雄心的儿童，或者给他们较低分数，希望以此激发他们潜伏的雄心。如果这个儿童还具有一些勇气，这种方法是成功的。然而，我们并不建议广泛应用这种方法。因为这种处理方法会让那些在学习中已经接近危险线的儿童变得彻底困惑，让他们变得更加呆笨。

但令人惊讶的是，如果我们温和对待、关心和理解儿童，儿童将会展现出意想不到的智力和能力。出现此类变化的儿童会展现出更大的雄心。这仅仅是因为他们害怕再回到之前的状态。他们之前的生活和缺乏成就的状态经常出现在他们的脑海

第三章 对优越感的追求与其教育意义

中,就像警告信号一样督促他们前进。在之后的生活中,他们中的很多人表现得就如同被恶魔附身一样:他们日夜忙碌,经常过度工作,但仍然认为他们做得还不够。

但考虑到个体心理学的主要思想,即所有个体(儿童和成人)的人格均是一个统一整体,且个体的人格通常表达为个体逐渐建立的行为模式,所有一切都会变得明朗起来。在脱离行为者的人格的情况下对单个行为进行判断是错误的,因为一个具体的单一行为可以有多种解释。但当我们将儿童的特定行为或动作,例如,迟到,理解为儿童对学校为其所设任务的必然回答,行为判断中的不确定性就会消失。这个行为意味着他不希望与学校有关联,因此他不愿意遵守学校的规定。为了不遵守学校的规定,他采取了所有可能的办法。

根据这个观点,我们可以了解"坏"学生的整体情况。我们发现在对优越感的追求表现为拒绝学校,而非接受学校时,问题就会出现。届时,一系列典型行为症状会出现,而且,这些症状会越来越接近于屡教不改和退步。这类儿童会变成宫廷小丑一样的存在,他会不断地用恶作剧来逗别人开心,但除此之外不会做其他事情;或者,他可能会故意惹恼他的同伴;或者他会逃学,并结交一些坏朋友。

因此,不仅这些学龄儿童的命运掌握在我们手中,个体的后期发展也掌握在我们手中。学校提供的教育和培训将对个体的未来生活起到关键性的决定作用。学校位于家庭和社会生活之间,因此,学校有机会纠正儿童在家庭教养下形成的错误生活风格，并有责任帮助儿童准备适应社会生活，确保儿童能够在社会的大团体中和谐地发挥个人作用。

当我们从历史的角度来审视学校的作用时，我们发现学校一直都是根据当时的社会理想来培养个体。学校先后是贵族、宗教、资产阶级和民主的学校，一直都是根据论调和掌权者的要求培养儿童。现在，随着社会理想的不断变化，学校也必须改变。因此，如果当前的理想成年人应具备独立、自制和勇敢的特点，学校就必须进行调整，从而将个体培养成符合这些条件的人。

换句话说，学校不应该将其本身视为最终目标，而是应该牢记他们是为社会而不是为学校培养个体。因此，学校不能忽视那些已经放弃"在学校成为模范学生"这个理想的儿童。这些儿童未必就对优越感没有强烈的渴望，他们可能只是将注意力转移到了他们不必承担太大压力，且他们认为会更容易取得成功（无论对错）的其他事情上（这可能是由于他们之前在这些方面下过功夫）。他们或许不能成为杰出的数学家，但他们可以在体育运动方面取得优异成绩。教育工作者不应该忽视任何此类突出成就，而是应该将此类成就作为一个出发点，以此鼓励儿童在其他活动领域取得进步。当教育工作者从一个令人鼓舞的成就出发，通过这个成就让儿童相信他可以在其他事情中取得同样成功时，教育工作者的任务就会简单很多。这个方法其实就是引导儿童从一个丰收的牧场转移到另一个牧场。而且，所有的儿童（不包括那些低能儿童）有能力成功完成学校

第三章 对优越感的追求与其教育意义

功课,他们需要克服的只是人工构建的障碍。产生这类障碍的原因是将抽象的学校表现,而不是最终教育和社会目标作为评价依据。从儿童方面来说,这类障碍主要表现为缺乏自信,其结果就是因为无法找到适当的表达,儿童对优越感的追求会脱离有益活动。

在这种情况下,儿童会怎么做?他会找到一个躲避的办法。我们常常会发现这类儿童有一些独特行为,而且这些独特行为实际上并不会引起老师的好评,但可能会引起老师的注意,或者只会引起其他孩子对这种无礼或固执的钦佩。这类儿童通常会因为他所制造的混乱而认为自己是一个英雄、一个小巨人。

此类心理学表现和行为失范是在接受学校的考验时暴露出来的。尽管这些都是在学校产生的,但它们的根源并不在学校。也就是说,除了积极的教育与纠正任务之外,从消极意义上看,学校还是一个实验站,可以揭露早期家庭教养中的缺陷。

一位优秀而又细心的教师可以在儿童第一天入学的表现中发现很多东西。因为很多儿童会立即表现出被溺爱儿童的所有迹象,新的环境(学校)对于他们来说是非常痛苦而又不愉快的。这类儿童之前没有与他人接触的实践,但这些实践在交友方面具有重要作用。儿童在入学时就具有一些如何与他人建立联系的知识是最好不过的事情。他们不能只依赖一个人,并把其他人排斥在外。虽然学校有必要纠正家庭教育中的错误,但

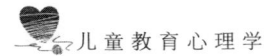

最有利的情况是儿童在入学时几乎没有这些错误。

一个在家中受到宠爱的儿童不可能立即将注意力集中到学校功课上。这类儿童时常会分心。他会表现出留在家里、不去上学的欲望,他实际上根本没有"学校归属感"。人们可以很容易发现许多厌恶上学的迹象。例如,父母在早上需要哄他起床;他们必须不断催促他做这做那;他们发现他在吃早饭时磨磨蹭蹭等。这似乎都表明这位儿童已经构建起了不可逾越的障碍,这会阻止他取得进步。

这种情况的治疗、补救措施与惯用左手者的治疗、补救措施相同:我们必须给予这些儿童充足的时间去学习,我们不应该因迟到对他们进行惩罚,因为这加剧他们在学校不愉快的感觉。在这样一名儿童看来,此类惩罚会让这类儿童更加认定他不能适应学校。而且,当父母为强迫这类儿童去上学而动手打他时,这位儿童不仅不想去学校,还会想办法让他的处境更好一些。当然,这些方法实际上是逃避,而不是面对困难。这类儿童对学校的厌恶,以及他们处理学校问题的无力感都会体现在每一个动作和每一个行动中。例如,他永远不会将所有的书本放在一起,他总是会忘记携带或丢失书本。所以,当一个孩子经常忘记携带和丢失书本时,我们可以确信他并没有很好地适应学校生活。

在对这类儿童进行研究时,我们发现他们几乎都认为自己不可能在学校取得任何意义上的成功。但这种自我低估并不完全是他们自己的过错。这个错误观点部分是由其周围环境引

第三章 对优越感的追求与其教育意义

起的。比如在家里,有人在愤怒时说过此类儿童不会有好的未来,或者责骂他们愚蠢、无用。之后,当这些儿童在学校受到批评时,他们会认为那些说法都是真的。他们缺乏判断力、分析能力(他们的长辈也经常缺乏),所以会产生误解。因此,他们甚至在尝试抗争之前就放弃了,他们认为失败是不可避免的,这证实了他们不如他人。

由于周围的环境大都如此,在错误观念形成后,儿童自己很难纠正这些错误;另外,这些儿童通常在付出明显的努力后依然落后,所以,他们很快就放弃了努力,并转而寻找借口远离学校。因此,不上学,也就是逃学,是最危险的征兆之一。逃学被视为最恶劣的行为,人们通常会给予最严厉的惩罚。这样,这类儿童认为他们迫不得已,只能通过狡猾伎俩和歪曲事实来保护自己。此外,还有其他途径引导他们做更多的错事。他们会伪造家庭笔记并篡改学习成绩报告单。他们会向家人撒谎,谈论在学校应该参加的活动,但他们实际上已经有一段时间没有参加了。他们还会在上课时间找个地方躲起来。不用说,他们会在这些藏身之所遇到逃学的其他儿童。因此,仅仅通过逃学是没有办法满足他们对优越感的追求,这促使他们采取进一步的行动,诸如实施违法行为。这样,他们的情况越来越糟糕,最终做出犯罪行为。他们拉帮结派,开始偷窃,习得性变态,他们觉得这样做就意味着他们长大了。

但在迈出这一步后,他们的野心变得越发膨胀,他们会采取更多的举措来满足他们的雄心。由于他们之前的行为都没有被察觉，他们认为他们可以犯下最狡猾的罪行。这就是很多儿童不会终止犯罪行为的原因。他们希望在这一方面实现进一步的发展，因为他们认为他们不可能在其他方面获得成功。他们不会考虑任何富有建设性和有益的事情。在同伴行为的刺激下，不断膨胀的野心促使他们做出新的违法乱纪行为。人们通常会发现那些具有犯罪倾向的儿童非常自负。这类自负与过度的雄心具有相同的根源，会促使儿童不断采用某些方法让自己显得与众不同。因此，当他们不能在生活的积极方面获得一方天地时，他们就会转到消极的方面。

以一位杀害老师的儿童为例。通过对这个案例进行详细研究，我们在这个男孩身上发现了上述所有性格特征。负责教育这个男孩的家庭教师自认为对心理的表达和功能了如指掌。这个男孩接受了小心而又过度紧张的家庭教育。他的雄心从不切实际的高度逐渐削减到无影无踪（即变成完全气馁），他最终失去了对自己的信心。生活和学校无法满足他的期望，他于是转而开始实施违法行为。通过违反法律，他摆脱了教育工作者和儿童指导专家的控制，因为在当前社会，人们还没有找到将犯罪，特别是少年犯罪作为教育问题（心理错误纠正的问题）处理的机制。

任何从事教育学相关职业的人都熟悉这样一个奇怪的事实：教师、牧师、医生和律师家庭中的孩子通常都比较任性。这种情况不仅出现在没有太多专业根基的教育工作者家中，也会出现在人们认为有较高水平的教育者家中。尽管他们具有

第三章 对优越感的追求与其教育意义

专业权威，但他们似乎无法在他们自己的家庭中建立和平与秩序。这一现象的解释是，在所有这些家庭中，某些重要的观点被完全忽略或未被完全理解。其部分原因是作为教育工作者的父母试图通过他们的假定权威在家中实施严格规定。他们过于严厉地压迫自己的孩子。他们会威胁到孩子的独立性，且确实会剥夺他们的独立性。他们似乎在儿童心中唤起了一种反抗情绪，这种情绪会促使儿童对这类压迫进行报复。他们以棍棒教育孩子，这种压迫会深埋在儿童的记忆中。此外，我们还需要记住的是，审慎的教育方法会导致父母特别留意孩子。这在大多数情况下是非常有利的，但这往往会导致他们的孩子想要一直成为他人关注的焦点。这类儿童认为他们自己是一个展示实验，并将其他人视为应负责任和决定的一方，认为其他人必须消除所有困难，而他们自己无须承担任何责任。

第四章

引导对优越感的追求

我们知道，所有儿童都会追求优越感。父母或教育工作者的任务就是引导儿童对优越感的追求，让他们沿着有效、有益的方向展开。他们必须确保此类努力能够带来健康心理与愉悦，而不是造成精神官能症和障碍。

父母或教育工作者应该怎么做呢？区别追求优越感的积极和消极表现的依据是什么？答案就是符合社会利益。任何成就或任何有意义的事情都与社会有关。回想我们认为高尚、崇高和有价值的伟大行为，我们会发现这些行为对行为人和整个社群来说都是有价值的。因此，我们应该对儿童进行合理教育，从而培养儿童的社会情感或与社会的连带感。

不理解社会情感概念的儿童会成为问题儿童。这些儿童对优越感的渴望未被引导至有益的方面。

诚然，对于什么对社会是有用的，人们持有不同意见。但是，有一件事情是可以肯定的：我们可以根据树上的果实对这棵树进行判断。这就是说，任何特定行为的结果可以表明该行为是否对社会有用。这意味着我们必须考虑时间和影响。行为最后必须与现实逻辑相碰撞，而与现实逻辑的膨胀可以表明该行为是否与整个社会的需求有关联。事物的普遍架构就是价值判断的标准，而且，个体的行为与这一标准的矛盾和一致性迟

第四章 引导对优越感的追求

早会暴露出来。幸运的是，在日常生活中，我们不需要经常使用复杂的判断技巧进行判断。而对于社会运动、政治趋势等，我们无法清楚地预估其影响，因而存在很大的争议。不过，特定行为在人们生活和个人生活中的影响最终会表明该行为是否有益、正确。因为从科学的角度来看，我们不能确切地说任何东西是否有益，除非它是一个绝对的真理和生活问题的正确解决方案（生活问题受到地球、宇宙、和人类关系逻辑限制）。客观世界和人类世界的限制条件就像一道数学题一样摆在我们面前，尽管我们并不一定能够解决这类问题，这些问题都带有解决方案。我们只能参照问题相关资料才能验证解决方案的正确性。遗憾的是，测试解决方案正确性的机会有时来得太晚，以致我们没有时间纠正错误。

不能从逻辑、客观的角度出发来看待其生活架构的个体多半不能理解其行为模式的连贯性和一致性。在出现问题的时候，他们会惊慌失措，他们会认为他们错误地选择了一条会遇到问题的路径，而不是想办法解决问题。需要记住的是，在儿童偏离有益方向时，他们无法从消极经验中吸取积极的教训，因为他们不能理解问题的含义。因此，我们必须教导儿童不要将生活看作是一系列没有关联的事件，生活其实是一条线索，贯穿生活中的所有事件。也就是说，任何事件都不能脱离其整个生活，需要根据之前发生的所有事情来理解某一事件。在理解这一点后，他们就能够理解他们误入歧途的原因。

在进一步探讨追求优越感的正确和错误方向的区别之前，

我们需要先探讨看起来与我们的一般理论相矛盾的一类行为，即懒惰的行为。这种行为表面上似乎与所有儿童天生都想渴望优越感这个观点相矛盾。而且，一个懒惰儿童所受到的责骂实际上都与他没有上进心有关。但是，如果我们对这些儿童的情况进行详细研究，我们就会发现这个普遍观点是错误的。其实，懒惰的儿童拥有一定的优势：他不会为他人对他的期望所累；在没有完成足够的任务时，他们在某种程度上可以得到谅解。他不想要努力争取，因此他表现出疏忽、懒散的态度。而且正是由于他的懒惰，他经常会成为大家关注的焦点，因为他的父母认为他们有必要多关注他一些。考虑到很多儿童会通过各种方法占据关注，我们就会明白为什么有些孩子居然想到通过懒惰来引起他人的关注。

然而，这并不是懒惰的完整心理学解释。还有很多儿童将懒惰作为缓解他们的处境的一种方法。这些儿童的能力欠缺和成绩不佳会被归因为懒惰。人们很少指责这类儿童能力欠缺；相反，他们的家人通常会说："如果不懒，他有什么做不了呢？"这些儿童也满足于这个认知，即如果不懒，他们可以完成任何事情。对于对自己没有太多信心的儿童来说，这无疑是自尊心的镇痛软膏。对于儿童和成人来说，这是成功的替代品。这个荒谬的如果语句"如果我不懒，我有什么做不了呢？"可以减轻他们的失败感。而且，在这类儿童做成某事时，他们的微小行为在他们眼中具有额外的意义。一个不重要的成就会与他们之前的毫无建树形成鲜明对比，他们会因此得到称赞，而一

第四章 引导对优越感的追求

直活跃的其他儿童在获得更大成就时获得的认可却更少。

因此，懒惰行为中隐藏着一种未被领会的交际技巧。懒惰儿童就像走钢丝者一样，他们下面总是铺着防护网，当他们跌落时，他们会轻轻地落在防护网上。与其他儿童相比，懒惰儿童受到的批评更加温和，对其自尊心造成的伤害更少。与被人评论为能力低下相比，懒惰的评论所带来的痛苦更少。简而言之，懒惰是一个屏障，可以通过妨碍儿童尝试解决他所面临的问题来隐藏儿童对自己缺乏信心的事实。

对当前的教育方法进行思考发现，这些教育方法正好符合懒惰的儿童的要求。越是对懒惰儿童进行责骂，他们就越接近自己的目标。因为他人需要一直关注他，而且责骂转移了人们对他欠缺能力的问题的关注，这都符合他的愿望。惩罚也是一样。那些认为他们可以通过惩罚来纠正儿童的懒惰恶习的老师最终都会失望。严厉的惩罚无法让一个懒惰的儿童变得勤奋。

如果懒惰的儿童出现转变，这肯定是由周围情况的变化引起的，例如，一个懒惰的儿童取得意料之外的成功；或者之前较为严厉的老师不再教他，现在的老师比较温和、了解这个儿童，并真诚地与他谈话、鼓励他，而不是削弱他仅有的少量勇气。在这种情况下，由懒惰到活跃的变化有时是突然发生的。因此，我们经常会发现有些儿童在入学前几年表现较差，但在转到新学校后，由于学校环境的变化，这些儿童表现得异常勤奋。

有些儿童不会通过懒惰的方法寻求逃避，但会通过装病来躲避任务。还有一些儿童会在考试时表现得格外紧张,因为他们感觉他们会因为紧张的表现而获得一些格外照顾。在考试时哭泣的儿童也表现出相同的心理倾向:紧张和哭泣都是他们获取特权的借口。

与这些儿童类似的还有那些因为某些缺陷而需要特殊关注的儿童,例如,口吃者。经常接触幼儿的人会注意到,几乎所有的儿童在开始说话时都表现出轻微的口吃倾向。正如我们所知,有很多因素可以影响语言功能的发展,其中最主要的因素是社会情感。例如,与那些希望避免与其他人接触的儿童相比,那些有社会意识、想要与同伴接触的儿童可以更快、更容易地学会说话。此外,还存在一些言语多余的情况,例如,一个儿童受到过分的保护和溺爱,在他表达他的愿望之前,他的每一个愿望都会得到理解和满足(就像照顾聋哑儿童那样)。

如果一个儿童在四五岁之前还不会说话,他们的父母就会担心他们是否患有聋哑症。但他们很快就会发现,这些儿童的听力很好,这自然就排除了聋哑的可能。我们发现,这些儿童实际上生活在一个言语多余的环境中。在儿童可以毫不费力地获得他所需的一切时,他就没有了说话的冲动,因此,这个儿童会在很晚的时候才开始学习说话。言语能力可以反映儿童对优越感的追求,以及追求的方向。儿童需要通过说话来表达他对优越感的追求,无论这种表达的形式是通过他的话语带给家人快乐,还是帮助他获得他日常所需的东西,他都必须说话。而在这两种形式的表达变得不必要时,儿童自然会在言语发展

第四章 引导对优越感的追求

方面遇到困难。

除此之外,有些人还存在其他语言缺陷,例如,某些辅音发音困难(如r、h和s)。所有这些缺陷都是可以治愈的,许多成年人出现口吃、口齿不清或说话含糊不清等问题是值得注意的。

大部分儿童都可以克服口吃问题。然而,有很少一部分儿童需要接受治疗。对于治疗过程所涉及的问题,我们可以参考一个十三岁男孩的案例。这个男孩在六岁时开始接受治疗。这次治疗持续了一年,但最终并未成功。在随后的一年中,这个男孩没有获得专业辅导。在第三年,这个男孩开始接受另一位医生的治疗,但治疗依旧没有成功。在第四年,这个男孩没有接受任何治疗。随后,在第五年的头两个月,这个男孩被委托给一位语言医生进行治疗,他的情况变得更加糟糕。过了一段时间以后,这个男孩被送到一个专门治疗语言缺陷的机构。此次治疗持续了两个月并最终取得成功,但在大约六个月以后,他的口吃问题再次出现。

在之后的八个月中,这个男孩被交由另一位语言医生治疗。在这次治疗中,这个男孩的情况不仅没有得到改善,反而开始逐渐加重。之后,他们又请了另一位医生进行治疗,但依然没有成功。在接下来的暑假中,男孩的情况有所改善,但在假期结束时,他的情况再次出现反复。

这个男孩接受的治疗主要包括大声朗读、放慢说话速度、进行练习等。虽然一些激动的情景会使他的情况得到暂时改善，但他在之后还是会回到原来的样子。此外，这个男孩没有任何器官缺陷，只是在很小的时候从一栋建筑物的二楼摔下，出现脑震荡。

一位与这个男孩相处一年的老师对他的评价是："一个有教养、勤奋的小伙子，特别容易脸红，有时还会动怒。"根据这位老师的评价，我们知道这个男孩在学习法语和地理时有些吃力；他在考试时显得特别激动；这个男孩特别喜欢体操和体育运动，也喜欢技艺课。这个男孩并没有在任何方面表现出领导者的本性，他与同学相处很好，但偶尔会与他的弟弟发生争吵。此外，他惯用左手，他的右侧脸在一年前突然出现了面瘫。

关于他的家庭环境，我们发现他的父亲是一名商人，很严肃，经常在男孩口吃时严厉地责骂他。尽管如此，这个男孩更怕他的母亲。此外，他的父母还为他聘请了一位家庭教师，所以他很少能够出门，他为此感到反感。而且，他还认为他的母亲非常不公，因为她更喜欢他的弟弟。

根据这些事实，我们可以得出这样的结论：那个男孩容易脸红的情况表明，在必须进行社交时他的紧张感会逐渐增加。可以说，这与他的口吃习惯有关联。而他喜欢的一位老师也不能成功治愈他的口吃习惯表明这个口吃已经在他的系统中机械化了。他的口吃表明他不喜欢其他人。

我们知道，口吃的诱因并不在于外部环境，而在于口吃者对外部环境的感知方式。他的易怒在心理学方面具有重要

第四章　引导对优越感的追求

意义。他不是一个被动的孩子。他对认可和优越感的追求表现为易怒，就像大多数心理脆弱的人一样。此外，他只和他的弟弟吵架的事实也表明了他已经气馁。他在考试之前表现出来的激动表明他担心自己不会成功，害怕自己不像其他人那样有能力，因此紧张感不断增加。他有一种强烈的自卑感，这致使他转而在无益的方向上争取优越感。

这个男孩更乐意去学校，因为他在家里的处境不如学校。在家里，他的弟弟占据了家庭的中心位置。因此，器官损伤或惊吓并不是他出现口吃的原因，但会在某些程度上削减他的勇气。他的弟弟对他具有较大的影响，因为他的弟弟致使他失去了他在家庭的中心地位。

另外，还有一点也非常重要，那就是这个男孩在8岁之前患有遗尿症（尿床），出现这种症状的儿童大部分是那些一开始备受宠爱，之后被"罢黜"的儿童。尿床是一个明确的迹象，表明他甚至在晚上也想要争取母亲的关注。在这个案例中，这个迹象表明这个儿童无法接受被冷落的情况。

因此，要治好男孩的口吃，我们需要鼓励并教导这个男孩学会独立。人们必须给他安排他能够完成的任务，从而帮助他从这些成就中恢复对自己的信心。这个男孩承认他弟弟的出生令他感到不愉快。我们必须让他明白是他的嫉妒将他引导至一个错误的方向。

伴随口吃出现的症状也值得探讨。口吃者在激动状态下会发生什么呢？很多口吃者在生气时可以顺溜地责骂他人，没有任何口吃的痕迹。此外,年长一点的口吃者在背诵文章或在谈恋爱时经常可以正常说话。这些事实表明,口吃的决定性因素是口吃者与他人的关系。一旦口吃者与他人直面相对,必须与他人建立联系,或者必须通过言语表达时,紧张情绪就会出现。

如果儿童在学习说话时没有遇到特别的困难,没有人会非常注意他们的言语发展进程;但是,如果儿童遇到困难,他的家人会一直关注这个问题,口吃者就会成为他们关注的中心。在整个家庭的注意力都集中在这个儿童身上时,这个儿童自然也开始关注他自己的讲话。他开始有意识地控制他的表达,而可以正常说话的儿童通常不会这么做。我们知道,对本可以自动运行的功能进行有意识的控制会导致功能限制。麦林克(Meyrink)的童话故事《飞行的蟾蜍》就是一个很好的示例。蟾蜍遇到了有一千条腿的动物,它立即开始称赞这只不寻常的动物,并询问:"你能告诉我你先移动哪条腿吗,你移动剩余九百九十九条腿的顺序是什么呢?"在听到蟾蜍的提问后,这只千足虫开始思考并开始关注这一千条腿的移动。然而,在它试图控制它自己的腿时,它变得困惑且无法移动任何一条腿。

虽然有意识地控制我们的生活过程很重要,但试图控制每个单独的行为是有害的。我们能够创作出艺术作品正是因为我们能够放任肢体自发工作。

尽管口吃的习惯会对儿童的未来发展造成糟糕的影响,且会在儿童教育过程中带来不便(他的家人给予他过多的同情和

第四章 引导对优越感的追求

特殊关注），仍然有很多人不想试图改善这种情况，而是寻找借口逃避。对未来没有信心的成年人和儿童都存在这个问题。不过，儿童更愿意依靠别人，且更愿意通过表面上的劣势保持优势。

明显的劣势时常可以转化为优势，这在巴尔扎克的一个故事中得到了说明。在这个故事中，两位商人在讨价还价，互不相让。在讨价还价时，其中一人开始出现口吃。另一个人惊讶地发现，那位口吃的商人通过口吃获得了足够的时间，可以在理论前进行足够的思考。他开始迅速地思索应对方法，并突然让自己听不见任何声音。这样一来，口吃者开始处于不利地位，因为他需要尽量让另一个人听见他说的话。由此，他们之间的平等被重新建立起来。

尽管口吃者有时会使用这种机制来为他们自己赢得时间或让其他人等待，但人们不应将口吃视为一种罪行。对于患有口吃的儿童，人们应该给予他们鼓励，并应该温和地对待他们。只有通过友好启蒙和增加儿童勇气，人们才能成功治愈口吃。

第五章

自卑情结

每个人都会追求优越感，也会产生自卑感。我们追求优越感是因为我们自卑，成功获得优越感有利于克服自卑。自卑感不会对个体的心理造成明显影响，除非个体无法追求优越感，或器官缺陷造成的心理反应致使自卑感超出个体的忍受范围。在这种情况下，个体就会形成自卑情结，即一种异常的自卑感。自卑情结会促使个体寻求简单的补偿和表面的满足，同时还会放大障碍并削减个体的勇气，进而阻碍任务的顺利完成。

现在，我们再从自卑感方面来看看那个十三岁口吃男孩的案例。正如我们所了解到的，他的沮丧情绪在一定程度上导致了的口吃问题，而口吃又反过来增加了他的沮丧情绪。这样就形成了常见的神经性自卑情结恶性循环。这个男孩想要把自己隐藏起来。他失去了希望；他甚至可能有过自杀的念头。口吃已成为男孩生活模式的表达和延续。这个口吃习惯影响了男孩周围的人，使他处于他们关注的中心，这减轻了他的心理不适。

这个男孩为自己设定了一个过高、错误的目标，即成为有所成就、举足轻重的人。为了实现这个目标，他需要努力获得好的声望，因此，他必须表现得善良，与他人友好相处，有序地完成他的任务。除此之外，以防万一遭遇失败，他还需要一

第五章 自卑情结

个借口，这个托词就是口吃。这个男孩的案例具有重要意义，因为在大多数情况下，他的生活总体是向有益方向发展的；只有在一个阶段，他的判断出现了错误，他的勇气因此而消减。

当然，口吃只是那些气馁的儿童采取的无数武器中的一种，他们不相信他们能够凭借自己的能力取得成功。这些武器就如大自然赋予动物自保的武器（爪子和尖角）一样。很显然，这些源自于儿童的无力感，以及他们对自己的不自信（认为如果没有这些武器，他们无法成功应对生活问题）。而且，值得注意的是，有很多东西可以被用作为这种武器。其中有些儿童将缺乏对大小便的控制作为武器。这表明他们不想告别婴儿期，因为他们在婴儿期没有任务、痛苦。这些儿童并没有肠道或膀胱问题，他们只是把这些症状当作伎俩来换取父母或教育工作者的同情，尽管这些伎俩有时会引起同伴的嘲笑。因此，这些表现不应被视为疾病，而应被视为自卑情结的表现，或无法获得优越感的表现。

我们可以想象出口吃问题的形成过程，这可能是从非常小的生理原因发展出来的。在很长一段时间内，这个男孩一直都是家里的独子，他的母亲将全部心思放在他的身上。但随着他慢慢长大，他可能感觉他没有得到足够的重视，他就想出了一个新伎俩来引起人们的注意。口吃具有较大的意义：他注意到与他说话的人会看着他的嘴巴；口吃可以为他争取父母的照顾，这些时间和关注本来是属于他弟弟的。

学校的情况也是一样。他的一位老师在他身上花费了更多的时间。因此，无论是在家里还是在学校，他的口吃问题让他获得一定的优势。他获得了大部分好学生拥有的、他也渴望得到的关注。这个男孩在学校的表现不错，但口吃可以使所有事情变得更加容易。

虽然他的口吃毛病为他赢得了老师的温和对待，但这不是一个值得推荐的方法。在没有得到他认为应得的关注时，这个男孩受到的伤害要比其他儿童严重得多。而随着他弟弟的出现，其对关注的保卫实际上成为一个令人痛苦的问题。与其他正常儿童不同，这个男孩从未培养将自己的关注分散给其他人的能力：他认为他的母亲是家中最重要的人，除此之外，他对其他人都不感兴趣。

综上所述，对这些儿童进行治疗时，人们必须增加这类儿童的勇气，并让他们相信他们自己的力量和能力。人们需要通过同情的态度与这类儿童建立友好关系，而不是通过干预措施吓唬他们，但这仍然是不够的。人们必须与这些儿童建立友好关系，鼓励他们不断改进。为此，我们需要培养儿童的独立性，并通过各种方法让儿童对自己的精神和身体力量抱有信心。他们必须坚信只要他们勤奋、有毅力、有勇气且多加练习，他们可以轻松地实现他们现在尚未完成的任务。

父母或教育工作者在儿童教育中所犯的最严重错误是对误入歧途的孩子做出他们不会获得好成绩的判断。这种愚蠢的做法会让情况变得更加糟糕，因为这会使这个儿童变得更加胆怯、自卑。人们应该做的恰恰与这个相反：乐观地激励孩子。

正如维吉尔所说的,"他们能够成功是因为他们认为他们可以成功"。

虽然我们有时发现儿童因为害怕遭到嘲笑而对他们的行为进行了修正,但我们绝不能相信我们可以通过羞辱儿童或奚落儿童的方法来促使儿童真正改正他的行为。下面这个案例就证明了通过嘲笑进行刺激的方法是不合理的。一个男孩因为不会游泳而经常受到同伴的取笑。最后,他忍无可忍,从跳板上一跃跳进了深水中。人们几经努力才将溺水的男孩抢救回来。在即将失去声誉时,胆怯的人可能会而做出一些事情来抗衡他的胆怯,但他所做的事情通常都是不适当的。正如我们在上述案例中所看到的一样,这些行动通常是应对原始胆怯的一种胆怯、无用的方法。其实,这个男孩的真正胆怯在于他不敢承认他不会游泳,害怕会因此在朋友之中失去地位。因此,不顾一切地跳入水中并没有治愈他的胆怯,而是强化了他不敢面对事实的胆怯倾向。

胆怯这一性格特征可以破坏人际关系。一个总是担心自己,以至于无暇考虑他人的儿童更可能会牺牲同伴的利益来获得声誉。因此,胆怯的人会带有个人主义和好斗的态度,这会导致社会情感消失,但远不能消除他们对他人意见的恐惧。胆怯的人总是害怕被人嘲笑、忽视或贬低。因此,他总是受到别人意见的摆布。他就像一个生活在敌国的人,形成了多疑、猜忌和自私的性格特征。

这种胆怯型的儿童通常会成为爱批评他人、挑剔的人,他们不愿意称赞别人，且会在别人得到称赞时感到愤怒。因此，当一个人不是想要通过自己的努力而是通过贬低其他人的方法来超过他人时，这就是一种胆怯的表现。发现这些症状的人应该消除儿童对他人的敌意，这是不可避免的一项教育学任务。当然，没有发现这些症状也是情有可原的，但这样一来，人们将永远不会知道如何纠正由此产生的不良性格特征。在知道我们面对的问题是使儿童适应世界和生活，向他说明他的错误并向他解释他想要的是在没有付出努力的情况下获得声誉后，我们就会知道在哪些方面对孩子进行引导。我们知道，我们必须加强儿童之间的友好感情。此外，我们还必须教育他们不能因为某个儿童获得了较差的成绩或做错了什么就看轻他。否则，这会导致儿童产生一种自卑情结，并使儿童丧失勇气。

在一个儿童对未来失去信心时，他会脱离现实，并在生活中的消极方面寻求补偿。教育工作者的最重要，也可以说是神圣的任务就是要确保学校里的儿童不会感到气馁，并确保在入学时已经失去信心的儿童能够在学校和老师的帮助下恢复对自己的信心。这与教育工作者的工作是密切相关的，因为除非儿童对未来满怀希望和喜悦，否则教育是不会成功的。

除上述情况之外，还存在一种暂时性的气馁，这在目标较高的儿童中特别常见；尽管取得进步，这些儿童有时会因为他们完成了最后一次考试，必须进行选择而失去信心。此外，还有一些目标较高的儿童会因为没有在考试中位列前茅而在一段时间内放弃努力。这种情况是长期无意识累积的冲突的突然爆

第五章　自卑情结

发，儿童会变得茫然不知所措，或精神焦虑。如果不能及时消除他们的气馁，这样的儿童将无法把一件事情坚持到底；他们在长大以后会经常换工作，从不相信他们所做的任何事情能够获得良好结果，且总是害怕失败。

儿童的自我评价是非常重要的。然而，我们不能通过简单的询问判断儿童对自己的看法。无论采用哪些机巧的方法询问，我们都会得到不确定或模糊的答案。一些儿童会认为他们自己很好；有些儿童会把自己说得一文不值。对后一种情况的调查通常表明这些儿童的周围人会经常对他们说"你简直一文不值！"或"你真是愚蠢！"

很少有儿童在听到如此严厉的批评后不受到伤害。不过，也有一些儿童通过低估自己的能力来保护他们的自尊。

虽然我们不能通过提问的方法获知儿童对自己的判断，我们可以观察他看待问题的方法，例如，他是自信、坚定地迎向困难，还是在困难面前犹豫不决（这一迹象在气馁的儿童中尤为常见）。有些儿童可能在开始时勇往直前，但在逐渐靠近目标后变得缩手缩脚，甚至裹足不前。这类儿童有时被认为是懒惰的，有时被认为是心不在焉的。人们对这类儿童的描述可能不同，但结果是相同的。儿童并不能像正常人那样处理他们的事情，而是会被一些障碍困扰。儿童有时会欺骗他们的长辈，让他们错误地认为他缺乏能力。我们如果从整体情况出发，并通过个体心理学的原则分析这问题，我们会发现儿童的问题就是缺乏信心，即低估自己。

在对错误的优越感追求方向进行研究时，我们必须记住，一个完全以自我为中心的个体是社会中的异常现象。人们经常会发现一些儿童因为对优越感的过分追求而忽略了其他人。这类儿童是不友善、贪婪和自私的，且还会做出违法行为。当他们发现秘密时，他们总会用这个秘密来伤害别人。

不过，我们在那些行为非常恶劣的儿童身上仍然可以发现一种属于人性的特征：他们在某些方面仍然认为自己是人类群体中的一员。尽管儿童的生活规划偏离合作概念越远，他们的社会情感就越少，但他们的自我与周围世界的关系会以某种方式暗示或表达出来。因此，我们必须找出可表露其隐藏自卑感的那些表达方式。然而，这些表达方式是多种多样的，其中包括儿童的眼神。人类的眼睛不仅仅是接收、传导光线的器官，也是进行社会交际的器官。一个人打量另一个人的眼光可以表明他倾向于与另一个人建立何种程度的联系。这就是所有的心理学家和作家都非常强调人类眼神的原因。我们通常会通过其他人看我们的方式来判断他对我们的看法，并可以在他的眼神中发现他的部分人格。尽管通过眼神进行判断有可能会出现错误或误解，但通过儿童的眼神可以更容易地判断他是否是友善的人。

众所周知，那些不敢直面成年人的儿童容易受到怀疑。但这些儿童并不全是问心有愧或有不检性行为习惯的儿童。这种目光躲闪可能只是表明这个儿童试图避免与另一个人建立联系。这表明这个儿童并不合群。此外，在招呼一个儿童靠近

第五章 自卑情结

时,他保持的距离也是一个指示迹象。很多儿童会保持一定的距离,他们先要弄清楚到底是怎么回事,并在认为必要时再靠近。而且,如果儿童之前有一些不好的经历,且将他们的片面认知概括化并滥用,他们会用怀疑的态度看待亲密接触。而且,有趣的是,我们发现一些孩子有依靠母亲或老师的倾向。与一个儿童所说的他最爱的人相比,这个儿童更愿意与之相处的人更重要。

有些儿童的行走方式、挺拔身姿和高昂的头颅、坚定的嗓音和毫不胆怯的表现都表明他们具有自信和勇气。但有些儿童在与他人说话时会表现出畏缩的神情,这表明他们具有自卑感,他们担心无法应对这种情况。

我们在研究这种自卑情结时发现,许多人认为这种情节是天生的。不过,也有人对这个观点持有反对意见,认为无论儿童多么勇敢,他都可能会在后天影响下变得胆小怕事。例如,如果一个儿童的父亲和母亲都比较胆怯,这个儿童可能也会胆怯,这不是因为他遗传了胆怯的性格特征,而是因为他是在充满担忧的氛围中长大。因此,在儿童的成长过程中,家庭氛围和父母的性格特征是最重要的。在学校里独来独往的儿童往往来自很少或几乎不与他人联系的家庭。当然,人们在这种情况下会不由地想到遗传的特性,但这是一个片面的理论。因为器官或大脑的物理变化不会使人失去与人交往的能力。然而,有些事实虽然不一定会导致此类态度的出现,但可以帮助我们了解这种特性出现的原因。

我们可以以具有天生器官缺陷的儿童为例来从理论方面理解这个问题。具有天生器官缺陷的儿童在一段时间内都是病怏怏的，承受着疼痛和身体虚弱的折磨。这类儿童将更多的注意力放在了自己身上，并认为外部世界是艰难和敌对的。此外，还有另外一种有害因素发挥了作用。一个弱小的儿童需要一个可以照顾其生活、为他减轻痛苦的人，但他人的这些奉献和保护会让儿童产生强烈的自卑感。因为儿童在体型和力量方面与成人存在差异，所以所有儿童都有一定程度的自卑感。尤其是在儿童被经常告知"孩子要乖，少插嘴"时（这是经常出现的情况），这种"逊色"的感觉会被强化。

所有这些印象都会强化儿童对自己处于劣势的认知。而他自己根本无法接受他比其他人弱小的认知。他越是无法接受这种认知，他就越会为了强大而努力。这样，他会更加努力地争取他人的认可。他不会尝试合理安排自己的生活，以便与周围的其他人和谐相处，而是会制定一个新的原则，即"只考虑自己"——只关心自己的儿童就属于这一类。

我们可以肯定地说，大多数弱小、残疾和丑陋的儿童都有强烈的自卑感，而这种自卑感通常会表现为两个极端。在与其他人说话时，有的儿童会畏缩、退出，表现得比较胆怯；有的儿童却表现得非常有进取心。这看起来是完全不同的两种行为方式，但它们是由相同的原因导致的。在争取获得认可时，这类儿童要么少言寡语，要么滔滔不绝。他们的社会情感几乎为零，这是因为他们对生活没有任何期待，且相信他们无能为

第五章 自卑情结

力；另一个原因是他们将这种情感用于个人目的。他们希望成为领导者和英雄，始终处于中心位置。

如果一个儿童多年来一直在向错误的方向努力，一次谈话根本无法改变他的行为模式。因此，教育工作者必须有耐心。如果儿童试图改善自己，但症状会偶尔复发，教育工作者应向这些儿童解释他们不会很快得到改善。这样做可以让这位儿童平静下来，不会因此气馁。例如，如果一位儿童的数学成绩在过去两年之内都很糟糕，他不可能在两周内取得好成绩，但他最终肯定可以取得好成绩。一个正常的孩子，也就是说，一个勇敢的孩子，能够弥补任何不足。我们经常发现，儿童能力欠缺是因为人格发展过程中出现了错误，这造成了特殊、笨拙、古怪的整体人格。因此，帮助没有低能问题的行为问题儿童是可行的。

能力欠缺或表面上的迟钝、笨拙、冷漠都不足以证明儿童低能。低能儿童的大脑发育不良会伴随有一些身体机能迹象。影响大脑发育的腺体会引起一些身体缺陷。这些身体缺陷有时会随着时间的流逝而消失，只留下一些心理印记。也就是说，一个最初因机体脆弱而显得孱弱的儿童在变得强壮后可能会继续表现得虚弱。

我们进行进一步研究大战，心理上的自卑和以自我为中心的态度不仅可以由既往的器官缺陷和身体虚弱造成，也可能由与器官缺陷无关的不同环境所造成。例如，它们可能是由错误的教育，或缺乏关爱和严酷的教育引起的。在这种情况下，生

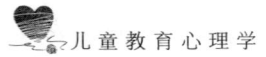

活之于儿童不啻一场苦难,儿童会对他周围的环境抱有敌对态度。这个问题引起的心理问题与器官缺陷造成的心理问题相似(如果不是完全相同的话)。

我们完全可以想象得到,对在缺乏关爱的环境中长大的儿童进行治疗时,我们会遇到很大的困难。他们会用一贯的敌对态度对待我们。每一次督促他们上进的行为都会被视为压迫。他们总会认为自己受到了束缚,并且总是会有反抗的倾向(这取决于他们的力量)。此外,他们无法对他们的同伴采取正确的态度,因为他们羡慕那些拥有快乐童年的儿童。

这类心中充满怨恨的儿童经常会发展成为可能危害他人生命的人。他们没有足够的勇气去战胜他们所处的环境,因此,他们会通过压迫那些弱者来补偿自己的无力感,或利用表面的友情彰显自己的优越感。然而,只有在其他人允许被他们控制时,这种友情关系才能持续下去。许多这类儿童甚至只与那些身处更糟糕环境中的儿童交朋友,这就与成年人更喜欢与遭遇不幸的人来往一样。或者,他们更喜欢与更年幼、可怜的儿童交朋友。此外,男孩们有时喜欢特别温柔、顺从的女孩(这与异性吸引没有关系)。

第六章

儿童的发展：防止自卑情结

如果一个儿童需要花费较长的时间学习走路，但在学会走路后就可以正常行走，这个儿童在之后的生活中并不一定会形成自卑情结。但我们知道，一个智力发展正常的儿童总会对行动限制产生深刻印象。他会认为他的处境很不幸，而且在最初的身体、功能缺陷在之后都消失后，他很有可能还会得出悲观的结论，这可能会影响他未来的行为。许多曾经得过佝偻病的儿童在被治愈后仍然带有这种疾病的痕迹：腿部弯曲、笨拙、肺部黏膜炎，头部（头部骨骼）畸形、脊柱弯曲、脚踝肿大、关节无力、体态不佳等；而且心中也会留下在疾病期间产生的挫败感和随之产生的悲观主义倾向。这类儿童在看到同伴自如行动后会产生一种自卑感。他们会低估自己，并会出现两种结果：要么完全失去信心，即使尝试发展，也会做出很少的努力；要么被困境所带来的绝望激励，努力超越那些更幸运的玩伴，完全不顾他们的身体障碍。这类儿童没有足够的认知力来对他们的情况做出正确判断。

我们已经知道，儿童发展的决定因素既不是他自己的内在能力，也不是客观环境，而是这位儿童对外在现实及其与外在现实的关系的解读。这就是说，我们需要关注的不是儿童的先天潜能，也不是成人对儿童情况的判断，而是从儿童自己的

第六章 儿童的发展：防止自卑情结

角度来看待他们的情况，并用他们的错误判断来解读他们的情况。我们不能假定儿童的行为合乎逻辑（即符合成人的常识判断），我们应该清楚儿童在解读自己的处境时会犯错误。我们必须记住，如果不能认识到儿童会犯错误这个事实，儿童教育是不可行的。如果儿童所犯的错误与生俱来，我们就不可能教导他们并帮助他们进步。所以，相信存在先天性格特征的人不能也不应该从事儿童教育。

并非所有身体健康的儿童都拥有健康的心理，也并非所有具有身体缺陷的儿童都存在心理问题。当一个儿童不在意自己的身体缺陷并勇敢面对生活时，这个身患疾病的儿童可能拥有一个健康的心理。而如果一个儿童身体健康，但是不愉快的环境导致他对他自己的能力做出了错误的解读，那这个儿童可能无法实现心理健康。任何特定任务的失败往往会让儿童认为他自己无能。这是因为这些儿童对困难非常敏感，认为每个障碍都是在证实他们缺乏能力。

除了在肌肉运动方面的困难之外，一些儿童在学习说话方面也会遇到困难。学习说话通常是与学习走路一起进行的。当然，这两项活动实际上互不相关，但都取决于儿童的成长情况和家庭环境。一些本应该在说话方面没有困难的儿童会因为家人忽视了对他们的帮助而没有学会说话。我们都清楚，任何没有失聪且言语器官完善的儿童都应该在相当早的时候就学会说话。但在某些情况下，例如儿童在视觉方面特别敏感，他们的语言学习会被延迟。此外，父母有时会替儿童表达一切，而不是让他尝试表达自己的意思，这也会导致儿童的语言学习延迟。此类儿童需要花很长时间才能学会说话，以至于我们有时候会认为他有聋哑问题。而当他们终于学会说话时，他们对会对说话产生强烈的兴趣，以至于他们经常在以后成为演说家。例如，作曲家的妻子克拉拉·舒曼（Klara Schumann）直到四岁才能说话，且在八岁时也只会说一点。她是一个特殊儿童，非常沉默，而且大部分时间喜欢待在厨房里。我们可以从中可以得出这样一个结论，即她没有得到别人的关心。她的父亲曾表示，"真奇怪，这种明显的精神不协调居然是和谐生活的开始"。她的事例就是一个过度补偿事例。

我们一定要注意的一点是，那些又聋又哑的儿童可接受特殊教育，因为完全失聪的情况并不常见。无论儿童的听力缺陷有多么严重，人们应该最大限度地培养儿童的微弱听力。罗斯托克的卡兹教授（Katz）曾表明他能够对那些被认为是五音不全的儿童进行训练，让他们可以充分欣赏音乐与声音之美。

有时，一些在其他课程中取得优异成绩的儿童会在一门课程中表现极差（这门课程通常是数学），这会导致他们怀疑自己具有轻度低能。在数学课程中表现极差的儿童有时可能会被这个科目吓坏，再也没有勇气尝试应对这个科目。不过，有些家庭，偶尔也有些艺术家，会以他们的计算能力较差的事实为傲。另外，还有一种普遍观点认为女孩在数学方面不如男生，这是错误的。有许多女性是优秀的数学家和专业统计学家。但人们常说"男生比女生更擅长数学"，女生会在听到这样的话后

第六章 儿童的发展：防止自卑情结

感到气馁。

儿童是否擅长数学是一个重要迹象。数学是可以带给人们安全感的少数几门科目之一。这是一个通过数字让周围的纷乱、无序稳定下来的思维形式。强烈缺乏安全感的人通常并不擅长计算。

其他科目中也是如此。例如，写作（将只有内心意识知道的声音体现在纸张上）能给人带来安全感。绘画可以将转瞬即逝的影像变成永恒。体操和舞蹈可以表明获得了人身安全感，特别是一定的精神安全感（通过我们对身体的可靠控制）。这可能就是这么多的教育工作者如此坚定地相信体育运动的原因吧。

儿童自卑感的一个明显表现就是学习游泳的困难。如果一个儿童可以轻松学会游泳，这是一个好现象，表明他也能够克服其他困难。但如果儿童在学习游泳时遇到困难，这表明他对自己和游泳教练缺乏信心。值得注意的是，很多儿童虽然在开始学习游泳时非常吃力，但后来成了优秀的游泳运动员。这些儿童一般对最初的困难耿耿于怀，当他最终学会游泳后，他会受到鼓舞，希望完美掌握这一技艺。因此，这些儿童通常会成为游泳冠军。

儿童是特别依附一个人还是也关注其他人员这个问题非常重要。通常情况下，一个儿童对母亲或另一个家庭成员（没有母亲时）的感情最深。每个儿童都有依附能力，除非这个儿童低能或呆笨。因此，当一个由母亲抚养的儿童依赖另一位家庭成员时，我们就有必要了解其中的原因。当然，每个儿童都不应该把所有的感情和注意力集中在他的母亲身上，因为母亲的最重要功能就是帮助孩子将其兴趣和信任分给他的同伴。祖父母在儿童的发展过程中也发挥着重要作用，不过通常是一种过分溺爱的作用。祖父母过分溺爱孩子的原因是老年人担心他们不再被需要。他们由此会产生强烈的自卑感，并会因此扮演唠叨的批评者或心地善良、和蔼的长辈（为了让儿童重视自己，从不拒绝儿童的任何要求）。因此，儿童在拜访祖父母时常常会得到过分宠溺，以至于拒绝回到规定严明的家中。而且，他们通常在回到家中后抱怨在自己家的生活不如祖父母家。我们在这里提到祖父母在儿童的生活中扮演的角色的目的是保证教育工作者在研究特定儿童的生活风格时不会忽略这个重要事实。

由佝偻病导致且在之后较长时间没有得到改善的行动笨拙（附录一的个体心理学调查问卷中的问题二）通常表明这样一个事实：儿童受到太多的照顾，因此变得娇生惯养。因此，母亲需要有足够的智慧，保证即使在儿童生病需要特殊照顾时，儿童的独立性也不会被抹杀。

另外，一个重要的问题是儿童是否会制造很多麻烦（问题三）。如果出现这种情况，我们可以确定母亲的行为致使这个儿童过度依附于她。她没有成功地帮助这个儿童培养独立性。这种制造麻烦的行为通常表现在睡觉或起床时、进食和洗澡时，也会体现为噩梦或遗尿（尿床）。所有这些症状都表明这个儿童试图引起某个人的关注。这类症状会一个接一个地出现；

第六章 儿童的发展：防止自卑情结

这就好像这个儿童在寻找一个又一个武器，以用来占据长辈的关注。我们可以肯定的是，在儿童出现这种症状时，他周围的环境是有问题的。因此，就这些行为对孩子进行惩罚是没有用的，而且，这类儿童通常会招惹他们的父母惩罚他们，以表明这种惩罚是没有用的。

儿童的智力发展一直是特别重要的一个问题。这个问题有时是难以正确回答的，人们有时可以借助比内氏测试，然而，这个测试的结果并不是绝对可靠的。所有其他智力测验也是如此。因此，我们不能认定在儿童的一生中，这些智力测试的结果是恒定不变的。一般而言，智力的发展在很大程度上取决于家庭环境。情况较好的家庭能够为他们的孩子提供更好的帮助，而身体发育良好的儿童通常会表现出相对较好的心智发展。而不幸的是，根据社会的安排，那些在心智发展良好的儿童注定可以从事"细活儿"或更好的工作；而那些心智发展得更慢的人则从事卑微的工作。很多国家引进了为弱势儿童设立特殊班级的新系统。这些班级中的儿童大多数来自贫困家庭。结果表明，在进入更有利的环境中后，这些比较贫穷的儿童无疑可以与那些有幸出生在具有更好物质环境的家庭中的儿童竞争。

除此之外，需要注意的另一个重要问题是儿童是否曾沦为别人的笑柄，或因为受到嘲笑而沮丧。有些儿童可以忍受这种沮丧；但有些儿童会失去勇气，并会因此避开需要付出努力的有益路径，将注意力转向外表，这是儿童对自己没有信心的一个迹象。如果一个儿童经常与他人争吵，担心如果他不主动进攻，别人就会率先发起进攻，这就表明这个儿童处于一个充满敌意的环境。这类儿童一般不服从命令；他们认为服从命令是服从的标志。而且，他们还认为礼貌回复问候是一种屈辱，因此他们的回复一般都比较无礼；他们从不抱怨，因为他们认为他人的同情是一种羞辱。他们从不在别人面前哭泣，且有时会在应该哭的时候笑，这看起来像是缺乏感情，但实际上只是害怕显示出无能为力的迹象。因此，人们做出残酷行为都是为了掩饰无力感。真正强大的人不会做出残忍的行为。这些不服从命令的儿童通常是脏兮兮的、粗心大意，还有咬指甲、抠鼻子的习惯，且非常顽固。人们需要给予他们鼓励，并让他们明白他们做出这些行为的原因是害怕表现出弱者的面目。

问题四（是否能够与他人友好相处，是领导者还是追随者）涉及儿童的交往能力。这与他的社会情感或沮丧程度有关。这也与他的服从或统治欲望有关。如果一个儿童喜欢独处，这表明他没有足够的信心与他人竞争，但他对优越感的渴望非常强烈，以至于他担心他在人群中处于从属地位。儿童的搜集物品倾向表明他们想要增强自身并超越他人。这种搜集倾向是危险的，因为这种倾向很容易过火，最终发展成过度的雄心或贪婪，这是需要支持的无力感的表现。这类儿童很容易在认为自己受到忽略或忽视时做出偷窃的行为，因为他们比其他人更容易感知到关注的缺乏。

问题五涉及儿童对学校的态度。我们需要注意儿童是否经

第六章 儿童的发展：防止自卑情结

常迟到，儿童在上学时是否表现出强烈的情绪（这经常是不情愿的象征）。儿童在面对某些情况时的恐惧会以不同的形式表达出来。当他们需要做作业时，他们会变得烦躁；他们会陷入一种紧张状态，并出现类似心悸的症状。某些类型的表现可能引起某些器官变化，例如性兴奋。为儿童评分的体系并不是一个很好的体系。如果不以这种方式对儿童进行分类，他们将从巨大的负担中解脱出来。因为这种制度使得学校教育成为一种连续不断的考试或测试，儿童必须争取获得一个好成绩，而一份糟糕的成绩就像一个永久的评判。

儿童是否主动做作业，还是需要他人强迫做作业？忘记做作业的行为通常表明存在逃避责任的倾向。糟糕的学习成绩和对学校作业的不耐烦通常被用作逃避学校的手段，因为这些儿童想要做其他事情。

儿童懒惰吗？当儿童未能完成自己的功课时，他宁愿以懒惰为理由，而不是自己能力欠缺。而且，在一个懒惰的儿童把一项任务完成得相当好时，他会受到称赞，然后会听到"如果他不懒惰，他能够取得非常大的成就"。这个儿童对这个观点感到非常满意，因为他确信他不再需要证明他的能力。那些缺乏勇气、无法集中注意力、总是依赖他人的懒惰儿童，以及那些娇生惯养、为获得关注而扰乱课堂作业的儿童都属于这一类型。

儿童对老师的态度如何？这个问题也是难以回答的，因为儿童通常隐藏他们对老师的真实感受。当一个儿童不断批评并试图羞辱他的同学时，我们可以假定这个贬低他人的趋势表明他对自己缺乏信心。这类儿童是自大、挑剔的，总是表现得自以为是。这种态度是为了遮掩他自身的不足。

那些内向、冷漠、消极的儿童是较难处理的。他们实际上是戴着一副假面具，因为他们并不是真的那么无所谓。当这些儿童在受到过度逼迫时，他们的反应通常是勃然大怒或试图自杀。此外，他们在没有得到命令的时候不会做任何事情。他们害怕挫折，并对其他人的评估过高。因此，人们必须对他们进行鼓励。

那些在体育或体操方面表现较好的儿童在其他方面也具有雄心，但他们害怕失败。那些阅读量远远超过正常水平的儿童缺乏勇气，希望通过阅读来赢得力量。这类儿童具有丰富的想象力，但不敢面对现实。我们还需要注意儿童喜欢什么样的故事，是小说、童话、传记、游记，还是科学著作。此外，青春期的孩子很容易被色情书籍所吸引。而不幸的是，每个大城市都有书店出售这种印刷品。性欲的增加和对经验的渴望促使他们将思想转向了这个方向。因此，我们需要采取以下方法来抑制这些有害影响：帮助儿童为同伴角色做准备；在早期阶段进行性教育；并与父母保持友好关系。

问题六涉及家庭状况，即家属患病情况，例如醇中毒、神经症、肺结核、梅毒、癫痫等。此外，全面了解儿童的病史也非常重要。例如，经常用嘴呼吸的孩子会表现出一种愚蠢的面部表情，这是由阻碍正确呼吸的腺样增殖体和扁桃体引起的。

第六章　儿童的发展：防止自卑情结

因此，切除这些障碍物的手术是非常重要的，而且，认为此类手术可以帮助他的信念有时可以增加儿童的勇气，促使儿童可以在手术后有勇气回到学校。

家人患病状况也会妨害儿童的进步。例如，父母长期患病的情况会给孩子带来沉重负担。而神经病和精神疾病通常会让整个家庭感到压抑。因此，应尽可能防止儿童知道家中某个成员患有精神疾病。除了精神疾病可以遗传的盲目观点之外，精神疾病还会让整个家庭蒙上阴影。肺结核和癌症也是如此。所有这些疾病都会在儿童的脑海中留下可怕的印象，所以，有时让孩子远离这样的家庭氛围是最好的选择。此外，家庭中的慢性醇中毒或犯罪倾向就像一味毒药一样，会给孩子带来无法抗拒的危害。但如果将儿童从这些家庭中转移出来，人们需要解决妥善安置的问题。癫痫患者通常是易怒的，会扰乱家庭生活的和谐。不过，会造成最恶劣影响的疾病是梅毒。梅毒患者的孩子通常都非常虚弱，而且，这种病通常是可遗传的，这些儿童无法应对生活。

此外，我们绝不能忽视这样一个事实，即家庭的物质条件会影响儿童的人生观。通过与物质条件更好的儿童比较可知，贫困会引起不足感。而在家庭财务状况下滑时，那些中等富裕家庭中的儿童很难接受失去舒适生活的情况。当祖父母的条件比父母更好时，这种冲突会变得更强烈，就如彼得·根特（Peter Ghent）的案例一样：他无法摆脱一个想法，即他的祖父非常强大，而他的父亲无法做成任何事情。在这种情况下，一

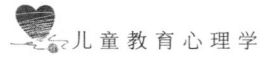

个儿童通常会变得勤劳,作为对懒惰的父亲的抗议。

第一次突然接触死亡往往会给儿童带来巨大震撼,足以对他的整个人生造成影响。在毫无准备的情况下突然面对死亡时,儿童会第一次意识到生命终会结束,这可能会使这个儿童完全泄气,或者至少让他变得胆怯。我们经常可以在医生的传记中发现他们选择这个职业的原因是在突然面对死亡时的冲击,这表明儿童对死亡的意识会对他造成深刻的影响。因此,我们并不建议让儿童承受这个问题,因为他们尚无法完全理解这个问题。孤儿或继子女经常将他们的不幸归咎于父母的死亡。

此外,我们需要知道谁在家庭中拥有决定性的话语权。这个人通常是父亲。而当母亲或继母占主导地位时,异常结果就会出现,孩子通常会不再尊重父亲。在母亲占据主导地位的家庭,男孩通常会对女性产生某种恐惧感,且通常不能够摆脱这种恐惧感。这些男孩在长大后要么会避免与女性接触,要么会与家中的女性闹别扭、制造不愉快。

我们还需要知道成人对儿童的教育是严格的还是温和的。个体心理学家并没有强调在儿童养育过程中必须使用严厉或温和的方法,他们认为最重要的是理解、避免错误和不断鼓励孩子面对和解决他的问题,培养社会情感。经常对子女唠叨的父母会害了他们,因为他们会使孩子彻底泄气。过分溺爱教育会让儿童产生一种依赖态度和依赖一个人的倾向。父母应该避免向儿童渲染浪漫的世界,也不能以悲观的方式描述世界。他们

第六章 儿童的发展：防止自卑情结

的任务就是帮助儿童孩子尽可能做好生活的准备，从而确保他们能够照顾好自己。没有学会如何面对困难的儿童将会试图避免每一种困难，这会导致他的活动范围不断缩小。

另外，了解负责照看儿童的人员也很重要。母亲不一定要经常陪伴她的孩子，但她必须了解她委托照顾孩子的人。儿童教育的最好方法是在合理的范围内让儿童从经验中学习，从而确保引导儿童行为的不是他人规定的限制，而是事实逻辑。

问题七涉及儿童在家庭中的位置。这个问题最能说明儿童的性格。独生子女在家庭中处于特殊位置；最小的孩子，和有几个姐妹的唯一男孩或有几个兄弟的唯一女孩也处于特殊位置。

问题八与职业的选择有关。这是一个重要问题，因为这可以向我们揭示环境的影响、儿童具备的勇气与社会情感，以及儿童的生活节奏。白日梦问题（问题九）和童年回忆（问题十）也具有重要意义。懂得如何解读童年回忆的人可以在童年回忆中发现儿童的整体生活风格。梦境也是表明儿童发展方向，表明儿童是否尝试解决或躲避问题的一个迹象。人们还需要了解一个儿童是否具有语言缺陷；此外，还需要了解他是丑陋还是美貌、是体态良好还是体态不佳等（问题十三）。

问题十四：儿童是否会公开讨论他的情况？有些儿童喜欢吹嘘，以此作为对其自卑感的补偿。其他儿童会拒绝说话，害怕自己会被占便宜，或害怕在表露自己的弱点后会受到新的伤害。

问题十五：一个在一门学科（例如，在绘画或音乐）中取得优异成绩的儿童一定会因此受到鼓励，可以在其他学科中取得进步。

如果一个儿童在十五岁时依然不知道自己想要成为什么样的人，我们可以认为这个儿童已经彻底气馁了，并应给与相应的处理。在这方面，我们必须考虑到其家庭成员的职业以及兄弟姐妹之间的社会等级差异。而且，父母的不幸婚姻可能会危害儿童的全面发展。此外，教师必须谨慎行事，正确了解儿童及其环境。教师可以根据调查问卷的结果来处理和改善儿童的情况。

第七章

社会情感及其发展障碍

与我们在之前几个章节讨论的优越感追求不同的是,很多儿童和成人都有与其他人团结协作、合作完成任务和让自己变得对社会有用的倾向。此类表现可以被概括为"社会情感"。那么,社会情感的根源是什么呢?这是一个颇具争议的问题。但根据本书作者的发现,社会情感与人类概念密不可分。

人们也许会提出这样一个问题,即从何种意义上说,社会情感比对优越感的追求更接近人类天性。这个问题的答案是这两者本质上有相同的核心,即个人优越感的追求和社会情感都取决于人性中的同一点。这两者都是渴望肯定的表现;但它们的形式不同,涉及对人性的两个固有判断。对优越感的追求涉及个体可以离开团队独立发展的判断,而情感则涉及在某种程度上依赖群体的判断。社会情感无疑优于个人的优越感追求:前者代表了一种更基本、健全、合乎逻辑的观点;而后者虽然是经常在个体生活中出现的一种基本现象,它只是浮于表面的观点。

如果我们想要了解社会情感在哪些意义上是正确且合乎逻辑的,我们需要从历史观点对人类进行探讨。我们会发现人类习惯群居生活这一事实。在考虑到不能保护自己的生物需要生活在一起来确保安全时,这似乎是可以理解的。我们只需要将

第七章 社会情感及其发展障碍

人类与狮子进行比较就会发现，被视为一种动物的人类并不安全，大多数体格与人类相似的动物都更强壮，且具有更好的攻击和防御武器。达尔文曾说过，所有自身防御机制较弱的动物总是成群结队地活动。例如，具有非凡体力的红毛猩猩通常会与他的伴侣独自生活，而猿猴族系中的较小、较弱成员通常会成群结队地活动。正如达尔文所指出的那样，群体的形成可替代和补偿动物不具备的天然武器（爪子、獠牙、翅膀等）。

群体的形成不仅可以弥补单只动物的不足，还可以促使它们找到改善其状况的新防护策略。例如，有多种猴群知道派出侦察兵去探查是否存在敌人。它们可以通过这种方式来利用集体力量，从而弥补团队中每个成员的弱点。此外，我们还会发现水牛会聚集在一起成功抵御更强大的单个敌人。

对此问题进行研究的动物社会学家还报告说经常可以在这些群体中发现类似于法律的安排。派去侦查的侦察兵必须根据特定的规则生活，而且会在犯错或违规时受到整个群体的惩罚。

值得注意的是，许多历史学家断言，人类的最古老法则是用于约束部落守望者的。如果真如这些历史学家所言，我们可以得出这样一个结论，即群体观念起源于弱小动物没有能力保护自己的事实。而且，从某种意义上说，社会意识情感与身体力量不足之间有极大的关联。因此，对于人类来说，培养社会情感的最重要时期就是幼儿时期，因为在这个时期，他们成长缓慢，无能为力。

我们发现在整个动物领域中，只有人类在出生时会那样无助、脆弱。而且，正如我们所知，人类的孩子长大成熟所需要的时间最长。这不是因为孩子在成年之前必须学会无数的东西，而是因为人类的成长发育方式不同。儿童需要父母提供更长时间的保护，这是他们的身体组织的要求。如果儿童得不到这种保护，人类将会灭亡。在儿童身体单薄、力量不足时，我们可以将儿童教育与社会情感培养结合起来。教育是必不可少的，因为孩子具有不成熟性，而我们只能依靠群体来克服儿童的不成熟性，这一事实指明了教育方向，即教育必须以社会团体为目的。

儿童教育的所有规则和方法都必须始终坚持社会生活理念和社会适应观念。无论我们是否意识到这一现象，对社会有利的行为总能给我们带来较好的印象，而通常对社会不利或有害的行为会给我们留下不好的印象。

对于我们所遇到的所有教育错误，我们认为其是错误的原因仅仅是我们认为这会对社会造成有害影响。所有的伟大成就和人类能力的发展都是在社会生活的推动下，向着社会情感方向取得的。

我们可以以人类的语言为例。独自生活的人不需要语言知识。人类发展语言能力这个事实表明其需要团体生活。言语是人与人之间的独特纽带，也是他们共同生活的产物。只有在从社会观点出发时，我们才能理解言语的心理意义。独居的个体不会对语言感兴趣。因此，当一个儿童孤独地长大时，这个

第七章　社会情感及其发展障碍

儿童会缺乏社会参与这个广泛基础,他的言语能力就会受到阻碍。而在个体与其他人发生联系时,他才会获得和发展我们所谓的说话天赋。

人们普遍认为那些拥有更好表达能力的儿童更有天赋。这种观点是不对的。那些在说话方面或在通过语言与他人沟通方面存在困难的儿童通常没有强烈的社会情感。而且,那些没有学会说话的儿童通常是被溺爱的儿童,他们的母亲会在他们有机会要求某事之前为他们做好所有的事情。这样,这些儿童根本不需要说话,因此失去了与其他人的联系和进行社会调整的能力。

还有一些儿童不愿意说话,因为他们的父母从不允许他们说完一个句子或让他们回答问题;还有一些儿童是因为受到嘲笑或奚落,因此变得沮丧。不断的纠正和唠叨似乎是儿童教育中广泛存在的一个错误。这个错误造成的可怕结果是这些儿童多年来一直受到低人一等的自卑感影响。那些在开始说话之前习惯使用"但是,请不要嘲笑我"开场的人通常都具有此类情况。我们经常会听到有人使用这个开场白,可以想见,这些人在童年时期经常被人嘲笑。

此外,还存在儿童具有听说能力,但他的父母都是聋哑人的情况。在这种情况下,儿童在受伤时总是会不声不响地哭泣。因为他需要的是让他的父母看到他遭受的痛苦,通过哭声表达痛苦是无用的。

如果没有社会情感,人类其他能力的发展(例如,理解能力的发展或逻辑能力的发展）也是不可能的。例如，一个独自生活的人不需要逻辑，或者说，其对逻辑的需求不会超过任何其他动物。但一个经常与他人联系的人需要语言、逻辑和常识，因此需要发展或获得社会情感。这是所有逻辑思想的最终目标。

有时还会出现这样一种情况，即他人的行为在我们看来是愚蠢的，但从他们的个人目标来看，这些行为实际上是相当明智的。出现这种情况的人通常认为其他人的想法与他们一样，这表明了社会感情或常识在判断中的重要性（且不说如果社会生活不那么复杂且不会给个人带来如此多的复杂问题，就没有必要发展常识）。我们由此可以推测原始人只停留在原始水平，因为他们的生活相对简单，不会刺激他们进行进一步的思考。

社会情感在人类说话和逻辑思考能力（我们几乎可以认为这两种能力是至关重要的）的发展中起着至关重要的作用。如果每个人在解决问题时不考虑他所生活的社会，或使用自己的语言，那么，混乱就会因此产生。社会情感可以带来安全感，这个安全感是每个人都能感受到的，且是其生活的主要支柱。这可能与我们从逻辑思想和真理中得到的信任并不完全相同，但它是那些信任的最明显组成部分。例如，为什么计算和计数可以被所有各方放心地接受，以至于我们倾向于认为只有可以用数字表示的事情才是准确真实的？原因是数字运算更容易被传达给我们的同伴，同时也更容易被人类大脑处理。我们对无法与其他人交流和其他人无法与我们分享的事实没有多少信

第七章 社会情感及其发展障碍

心。柏拉图试图将哲学思想建立在数字和数字基础上的尝试就体现了这种想法。而且,我们可以从他希望哲学家回到"洞穴"(也就是参与同胞的生活)这个事实更清楚地看到与社会情感的关联。他认为如果没有社会情感带来的安全感,即使是哲学家也不会理解生活。

在与其他人接触或者必须自主执行某些任务时,那些可以说是几乎没有此类安全感积累的儿童会暴露出这个问题。特别是在学校中,在需要客观、逻辑思考的学科(例如数学)中,这类儿童更容易暴露出这个问题。

人类在童年时期学习的某些概念(例如,道德感、伦理学等)通常都是片面的。对于独自生活的人来说,伦理观念是匪夷所思的;只有我们在考虑社会群体和其他人的权力时,道德价值才会有意义。不过,在涉及审美和艺术创作时,这一观点就有些难以确认。然而,即使在艺术领域,我们也能感受到一种普遍存在的认知,这种认知很可能源于对健康、力量、正确社会发展等的理解。就艺术而言,其边界是有弹性的,其中或许涉及更多个人的品味。然而,总的来说,美学也遵循社会秩序。

当我们被问及一个实际问题,即如何判断儿童的社会情感时,我们的回答应该是必须考虑某些行为表现。例如,当我们看到一些儿童在追求优越感时只顾自己前进而丝毫不考虑他人时,我们可以肯定,与那些避开这一做法的儿童相比,他们缺乏社会情感。在现代文明中,每个儿童都渴望优越感。因此,儿童的社会情感通常没有得到充分培养。这正是人类的批评者、老派和现代道德家们一直抱怨的情况，即人天生是自我本位的，而且会更多地考虑自己的利益。这也是道德说教表达的意思，但这对儿童或成年人没有任何影响，因为单凭道德格言不会产生较大的影响，人们最终会以其他人也不会做得更好的想法来安慰自己。

对于那些是非观念不清，甚至已经产生有害或犯罪倾向的儿童，我们必须认识到对这个儿童进行再多的道德说教也不会产生任何影响。在这种情况下，为了能够将邪恶的思想连根拔除，我们更需要进行较深入的探索。换句话说，我们必须放弃我们的法官角色，并承担同伴或医生的角色。

如果我们经常对一个儿童说他很糟糕或愚蠢，用不了多久他就会确信我们是对的，且从此以后没有足够的勇气去解决交给他的任何任务。最终的结果就是无论这个儿童试图做什么，他最终都会失败。他因此会更加坚定地认为自己非常愚蠢。他自己并不知道是他所处的环境摧毁了他的自信，且会潜意识地按照这个判断来安排自己的生活，以证明别人对他的看法。这个儿童会认为自己的能力低于他的同伴，认为他自己拥有有限的能力和潜能。他的态度明显地体现了他的沮丧心态，这与周围不良环境的影响直接相关，且成正比。

个体心理学表明，可以在儿童犯下的每一个错误中找到环境的影响。例如，生活没条理的儿童身后一般有一个将他的事情安排得井井有条的人；一个习惯撒谎的儿童身后一般有一

第七章 社会情感及其发展障碍

个试图通过严厉手段纠正其撒谎习惯的成年人。我们甚至可以在孩子的吹嘘习惯中发现其成长环境留下的痕迹。这类儿童通常认为最重要的是别人的夸赞，而不是任何特定任务的成功完成；在他追求优越感的过程中，他会试图不断获得家人对他的称赞。

父母经常忽视或不理解每个儿童在家庭生活中的处境。在有兄弟姐妹的家庭中，每个孩子的情况都不相同。其中，长子在一段时间内一直占据着家中唯一的孩子，具有独特地位。第二个孩子却没有这种经历。最小孩子的成长环境也是其他孩子不会体验到的，因为最小的孩子在一段时间内一直是这个家庭中最小、最柔弱的孩子。这些儿童的情况并不相同。如果有两个兄弟或两个姐妹一起长大时，那个年长且拥有更大能力的孩子已经克服了某些困难，但年龄较小儿童仍然在面对这些困难。因此，年龄较小的孩子处于相对不利的位置，且会感受到这种差异。为了弥补这种自卑感，这个孩子可能会加倍努力，以超越哥哥或姐姐。

对儿童进行长期研究的个体心理学家通常能够判断出儿童在家里的位置。年龄较大的孩子可以取得正常进步，年龄较小的孩子因为受到激励，会做出更大的努力去追赶哥哥或姐姐。因此，家中年龄较小的孩子通常更活跃、主动。如果年龄较大的孩子身体虚弱并且发育缓慢，年龄较小的孩子就不会在竞争中做出如此大的努力。

因此，确定一个儿童在家中的位置是很重要的，因为只有在确定了他在家庭中的位置后，我们才能完全理解这个儿童。家中最小孩子会带有可表明其身份的明显迹象。当然也有例外，但最常见的最小孩子总想要超越所有其他人、总是跃跃欲试，会被"必须比其他人重要的感觉和信念"激励着采取进一步行动。这些观察结果对儿童教育具有重要意义，因为这些结果可以帮助决定采用或放弃某些教育方法。我们不能使用同一种原则来对待所有儿童。每个孩子都是独一无二的，虽然我们通常根据某些一般类型对儿童进行分类，但我们必须谨慎地对待每个孩子。这在学校是几乎不可能实现的，但在家里是可以实现的。

最小的孩子总是希望在任何环境都处于显耀位置，且在多数情况下会得偿所愿。这是一个非常重要的考虑因素，因为这有力地反驳了遗传观点。不同家庭中的最小孩子具有较多的相似之处，这一事实让人们不再坚定地相信心理特征遗传观点。

除上文所述的活跃之外，家中最小孩子中还存在截然相反的一类现象，即灰心丧气。这样的儿童是非常懒惰的。其实，这两种类型之间的表面巨大差异在心理学上是可以解释的。那些过分渴望超越所有其他人的儿童最容易因为遇到的困难而受到伤害，他们的雄心会让他们感到不快乐。而且，与没有设立如此重要的目标的儿童相比，当障碍看起来几乎无法克服时，他们放弃的速度更快。最小孩子的这两种表现印证了拉丁语"Aut Csesar, aut nullus"，即我们所说的"全部拥有或一无所有"。

第七章 社会情感及其发展障碍

在圣经中，我们可以找到关于最小孩子的精确描述，例如，约瑟夫、大卫、索尔等的故事，这与我们的经验完全一致。人们可能会提出反对意见，即约瑟夫有一个弟弟（本杰明），我们可以使用这样一个事实反驳，即在本杰明出生时，约瑟夫已经十七岁了，所以在约瑟夫的童年时期，他一直是最小的孩子。我们在生活中会经常看到由最小的孩子支撑的家庭。我们不仅可以在圣经中找到证实这一观点的相关材料，还可以在童话故事中相关材料。在所有的童话故事中，最小的孩子总会超越他的哥哥或姐姐。几乎在所有的童话故事中，最小的孩子都成功超越了他的哥哥和姐姐。在德国、俄国、斯堪的纳维亚或中国的童话故事中，最小的孩子总是征服者。这不可能只是巧合。出现这一情况的原因可能是在过去，最小的孩子的形象比今天更加突出。幺子这类人受到人们的广泛养，因为他们在原始条件下更引人注目。

对于儿童基于其在家庭中的地位而发展出来的品质特征，我们还有很多研究发现。例如，家庭中的长子女有很多共同的品质特征，且可以被划分为两个或三个主要类型。

我曾对这个问题进行了长时间的研究，但没有形成一个清晰的认识，直到偶然读到冯塔内（Fontane）自传中的一段记叙。冯塔内在他的自传中讲述了他的父亲（一位法国移民）对波兰与俄罗斯的战争的关注。在得知一万名波兰战士击败五万名俄罗斯战士并将他们赶走时，他的父亲非常高兴。冯塔内无法理解父亲的喜悦。相反，他非常讨厌听到这个消息，因为他认为五万俄罗斯战士应该比一万波兰战士更强大,并且"如果结果不是这样,我一点也不会感到高兴,因为强者应该永远是强者"。在读到这段记叙时,我们可以立即得出一个结论,即冯塔内是家里的长子,因为只有长子女才会持有这样的观点。他记得他作为家中唯一孩子时所拥有的权力,并认为被一个较弱的人取代是不公正的。事实上,人们已经发现长子女通常具有保守的性格特征。他们是权力、规则和不可违背的法律的忠实信徒。他们倾向于坦率地接受专制。他们对权力地位持有肯定态度,因为他们自己曾经拥有过这样的地位。

不过,长子女的类型中也存在例外情况。我们在此要对一个例外情况进行详细论述。这个案例涉及一个一直被人们所忽视的问题,那就是妹妹出生后,哥哥的处境变得艰难。人们对困惑、彻底气馁的男孩的描述(没有提到相关事实本身)常常表明男孩的问题源自于一个聪明的妹妹。这个经常发生的情况并非偶然性的,我们对此有一个自然的解释。我们知道,在现代文明中,男性通常被认为比女性重要。长子通常会受到家人的过分溺爱,且通常被寄予很高的期盼。他的情况是有利的,但等到一个妹妹出现后,情况就变了。这个女孩将生活在这样一个环境中:被宠坏的哥哥认为她是一个讨厌的入侵者,处处与她作对。这种情况会激励女孩付出巨大的努力,而且,如果她没有因此崩溃,这种激励会对她的一生造成影响。这个女孩会迅速成长并使这个年长的男孩感到害怕,届时,这个男孩会突然发现他的男性优越设想被破坏了,他开始感到不确定。而

第七章 社会情感及其发展障碍

且根据自然规律，十四到十六岁的女孩在智力和身体上都比男孩发展得更快，他的不确定性最终发展成了完全气馁。此时，他对自己失去信心，放弃战斗，并找出一些貌似合理的借口，或为自己增加困难，以作为他放弃努力的借口。

有很多家庭的长子会因为感觉自己不够强大，无法与妹妹竞争而变得困惑、无望，莫名其妙地懒惰，或紧张。这类男孩有时会对女性怀有强烈的憎恶。他们的处境通常并不好，因为很少有人了解他们的状况并向他们进行解释。在情况发展较严重时，他们的父母和其他家庭成员有时会抱怨："为什么不反过来呢？男孩要是女孩，女孩要是男孩多好呢？"

此外，家中有多个姐妹的唯一男孩也有共同的特征。在有几个女孩和一个男孩的家庭中很容易出现女性味十足的家庭氛围。因此，这类男孩要么会被家里的所有成员宠坏，要么会被家里的女性排斥在外。这类男孩的自然成长是不同的，但他们具有某些共同的性格特征。对于男孩不应该只由女性教育这一概念，人们已经广泛接受。不过，这个概念并不是字面上的意思，因为所有男孩最初都是由女性抚养的。这个概念的真正意义是男孩不应该在纯女性环境氛围中长大。这不是反对女性的言论，而是反对因这种情况而产生的误导。这也适用于那些与男孩一起长大的女孩。因为男孩们常常会瞧不起那个女孩，她因此会试图模仿这些男孩，以便与他们平等，这是对未来生活的一个不可取准备。

无论一个人有多么包容，他都不可能支持这个观点：应该将女孩作为男孩抚养。人们可以暂时将女孩作为男孩抚养一段时间，但某些不可避免的差异很快就会显现出来。因为男性在生活中扮演着不同的角色，这是由男性和女性在身体结构中的一些差异决定的。而且，这对职业的选择具有重要影响，那些对女性角色不满意的女孩有时会很难适应对她们开放的职业。而且，我们发现在婚姻准备方面，女性角色的教育明显不同于男性角色的教育。对性别不满意的女孩会反对婚姻，将婚姻视为一种屈尊的行为，或者，即使她们选择结婚，她们会试图在婚姻生活中占统治地位。被像女孩一样抚养长大的男孩也会很难适应我们现在的文明形态。

在考虑所有这些问题时，我们一定要记住的是，儿童的生活风格通常取决于他在四五岁时的经历。这段时期正好是儿童的社会情感、社会适应灵活性的发展时期。在儿童年满五岁时，他对其周围环境的态度通常是固定且机械化的，几乎会在他的余生中朝着同一个方向发展。他对外部世界的统觉保持不变；儿童会囿于自己的观点之中，不断地重复最初的思维机制和因此产生的行为。社会情感会受到其个人精神境界的限制。

第八章

儿童在家中的位置：关于家中位置的心理学知识及相应对策

我们在之前已经了解到，儿童的发展取决于他们对自己在周围环境中所处位置的潜意识解读。此外，我们还了解到家庭中的第一个、第二个和第三个儿童的发展各不相同，且每个儿童的发展都与其在家庭中的特殊位置相关。这种早期状况可以考验和磨炼儿童所形成的性格。

儿童教育越早开始越好。儿童在成长的过程中会形成一些规则或行动方案，这可以规范其行为并决定其对不同情境的反应。在幼年时期，儿童构建的、可以指导其未来行为的特定机制只显露出细微的迹象。但经过多年的强化后，这种行为模式会固定下来，儿童不再客观地做出反应，而是根据他对过去所有经历的潜意识解读来做出反应。如果一个儿童对任何特定情况或他自己应对特定困难的能力做出错误的解读，这种错误的判断将决定他的行为，因此，再多的逻辑或常识都无法改变成人的行为，除非他最初做出的幼稚错误解读得到纠正。

在儿童的成长过程中总会出现一些主观性的东西，而这些主观性的东西正是教育家必须了解的个性。而且，正是该个性阻碍了一般规则在儿童群体教育中的应用。也正是该个性导致同一规则的应用会对不同儿童会产生不同结果。

但当我们发现儿童对同样的情况做出几乎同样的反应时，

第八章 儿童在家中的位置：关于家中位置的心理学知识及相应对策

我们不能说这是自然规律使然；事实上，这是因为在普遍缺乏理解时，人们容易犯同样的错误。人们习惯上认为在另一个孩子出生时，家里的孩子总会产生嫉妒情绪。我们并不赞同这个概括性的结论，因为存在例外情况；此外，如果知道如何帮助儿童准备好迎接弟弟或妹妹的出生，这个儿童就不会产生嫉妒情绪。一个犯错误的儿童就好像是一个处于深山之中的人，面前有一个岔路口，但他不知道要去哪里，接下来怎么做。当他终于找到正确的道路并到达下一个城镇时，他听到人们惊讶地说走上那条道路的人几乎都迷路了。儿童所犯的错误常常就是在选择这些错误道路后出现的。这些道路看起来容易通过，因此会吸引儿童选择这些道路。

还有许多其他情况会对儿童的性格产生不可估量的影响。我们经常会发现在有两个孩子的家庭中，一个孩子是优秀的，一个孩子是顽劣的。如果我们对这种情况进行更深入的调查，我们会发现那个顽劣的孩子对优越感具有强烈的渴望，且想要主导其他所有人，利用他的权力管理他的周围环境。他经常在家里吵闹。而另一个孩子恰好与他相反，他比较安静、谦逊，可以得到全家的喜爱，被视为另一个孩子的榜样。这些儿童的父母无法解释为何会出现这一现象。我们通过调查发现，那个优秀的儿童发现他能够通过自己的良好表现获得更多认可，并可以在与顽劣的兄弟或姐妹（视情况而定）的竞争中占上风。在两个孩子之间存在这种性质的竞争时，如果一个孩子无法以更优秀的表现超过另一个孩子，他会努力在相反的方向上超越另一个孩子,也就是尽可能地顽皮。但据我们的经验可知,这些顽皮的孩子可以变成比他们的兄弟姐妹更优秀的孩子,对优越感的强烈渴望可能在某一个方向上表现出来。我们可以在学校中发现类似示例。

我们不能因为两个孩子在相同条件下长大就预测他们会完全一样。两个儿童的成长条件不可能完全一样。一个表现良好的孩子的性格很大程度上会受到行为不端的孩子的影响。事实上,有许多孩子原本表现良好,但后来变成了问题儿童。

我们可以以一个十七岁女孩的事情为例。这个女孩在十岁之前一直是模范儿童。她有一个比她大十一岁的哥哥,这个哥哥在她出生前的十一年里一直是家里唯一的孩子,备受宠爱。在这个女孩出生后,这个哥哥并没有对这个妹妹产生嫉妒心理;他仍然像往常一样。在这个小女孩长到十岁时,她的哥哥开始长时间不在家。她成了家中唯一的孩子,这使她想要以自己的方式行事,不管不顾。她的家庭条件比较富裕,在她还是个孩子时,她的愿望都可以被很轻松地满足。但在她长大后,她的愿望无法被全部满足,她开始表现出不满,开始凭借家庭的财产信誉借款,并在很短的时间内欠下了一大笔欠款。对于这个女孩来说,这仅仅意味着选择另一条道路来实现她的愿望。在她的母亲拒绝接受她的要求时,她的良好行为就消失了。她开始争吵、哭闹,逐渐变成最令人讨厌的人。

根据这个案例及类似的其他案例,我们可以得出这样一个结论,即儿童可以通过良好行为来满足他对优越感的追求,但

第八章 儿童在家中的位置：关于家中位置的心理学知识及相应对策

我们永远无法确定在情况发生变化时，这种良好行为是否会继续。心理调查问卷的优势就在于它能让我们更全面地了解儿童及其活动，以及儿童与其成长环境及周围人员之间的关系。我们总可以找到可以表明其生活风格的一些迹象，当我们根据从调查问卷中得到的信息对儿童进行研究时，我们会发现他的品格特征、情感和生活风格都是他用来追求优越感、增加自己的重要性、获得赞誉的工具。

不过，我们经常可以在学校里发现一类似乎与这种描述相矛盾的儿童，他们就是比较内向，对知识、纪律或批评无动于衷的懒惰儿童。这类儿童生活在他自己的幻想世界中，并且从未表现出对优越感的渴望。然而，根据在之前获得的经验可知，这也是追求优越感的一种形式，虽然这种形式比较荒谬。这类儿童不相信他能够通过常规手段取得成功，因此避开了可帮助他取得进步的方法和机会。这样，他开始远离众人，并给人留下一种麻木的印象。然而，这种麻木的性格并不代表他的整体人格；人们通常可以在麻木的表象之后发现极其敏感、颤动的心灵，而这正是促使他使用麻木表象来保护自己免受伤害的原因。他把自己装在盔甲里，不让任何东西靠近他。

如果可以找到适用的方法来诱导这类儿童开口说话，人们会发现他的注意力专注在自己身上，他们沉溺在白日梦中，并幻想他表现优秀或出众的一些情景。这类儿童的白日梦与现实相差甚远。他们幻想自己是征服了其他所有人的英雄；剥夺他人权利的独裁者；或帮助受难者的殉道者。人们不仅经常可以在他们的幻想中，还可以在他们的行动中发现扮演救世主的倾向。例如，在另一个儿童遇到危险时，这类儿童可以提供救援。在幻想中扮演救助者角色的孩子会在现实中训练自己，而且如果这个儿童并没有彻底丧气，他会在机会来临时扮演该角色。

某些幻想会被不断重复。例如，在君主立宪时期的奥地利，有许多儿童会有拯救国王或某一个王子于危难之中的幻想。当然，父母从不知道他们的孩子有这样的想法。人们所能发现的就是经常做白日梦的儿童无法适应现实，无法使他们自己变得有用。在这种情况下，幻想与现实之间存在巨大差距。儿童有时会选择折中做法：他们保留他们的幻想，同时做出部分调整，以适应现实。但有些这类儿童根本不做任何调整，越来越远离这个社会，仅躲在他们自己创建的一个私人世界中。此外，还有一些儿童并不喜欢幻想，他们只关注现实，喜欢旅行故事，或者狩猎故事、历史等。

毫无疑问，儿童应该具有一定的想象力和接受现实的意愿，但我们不能忘记的是，儿童并不会像我们一样看待事物，而是倾向于将世界分为两个极端。如要了解儿童，我们应该牢记的一个最重要的事实是，他们具有将一切分为对立的两个部分（上面或下面、全都好或全都不好、聪明或愚蠢、优越或劣等、全部拥有或一无所有）的强烈倾向。成年人也使用这种对立的统觉方式。众所周知，我们很难摆脱这种思维方式。例如，虽然我们知道从科学方面来说，冷热之间的唯一区别是温

第八章　儿童在家中的位置：关于家中位置的心理学知识及相应对策

度差异，我们仍然将冷和热视为对立的两个概念。我们不仅经常在儿童中发现这种对立的统觉方式，还可以在哲学科学的初期发现这种方式。在希腊哲学的早期阶段，这种对立思想占主导地位。甚至在现在，几乎每位业余哲学家都试图通过对立的方法来衡量价值。他们中的一些人甚至制定了一些表格，涉及生与死、上与下、男与女。儿童思想与旧时的哲学统觉方案之间存在着显著的相似性，而且，我们可以假设那些习惯于将世界划分为鲜明对比的两部分的人保留了儿童时期的思维方式。

按照这种对立方式生活的人有自己的准则，这可以表示为"全部拥有或一无所有"。当然，我们无法在这个世界上实现这样的理念，但这些人仍然根据这个准则来指导他们的生活。人类不可能实现拥有全部或一无所有。这两个极端之间有很多过渡层次。这种准则常见于那些具有强烈的自卑感，并为了进行补偿而建立过分雄心的人中。我们可以在历史中找到几位这样的人物，例如，在谋求王位的过程中被他的朋友杀死的恺撒。儿童的许多怪癖和性格特征可以被追溯到这个"全部拥有或一无所有"的思想上，例如，固执。我们可以在儿童的生活中找到许多这方面的证据，并由此得出这样的结论，即这些儿童已经建立一种与常识相悖的个人哲学或个人思想。以一个四岁女孩的案例为例，这个小女孩异常顽固和倔强。有一天，她的母亲给她一个橘子，这个女孩却接过这个橘子，然后把它扔在地上，并向她的母亲说："你给我的时候我不想要；我想什么时候吃就什么时候吃！"

不能拥有一切的懒惰儿童会逐渐退缩到白日梦、幻想和不切实际的想象中。不过，我们不能过早地假定这类儿童最终会失败。我们都知道，超级敏感的个体容易从现实中退缩出来，因为他们个人创造的虚幻世界可以保证他们免受进一步伤害。但这种退缩并不一定代表着完全障碍或不适应。与现实保持一定距离不仅对作家和艺术家来说是必要的，对于那些需要良好想象力的科学家来说也是必要的。在白日梦中唤起的幻想只不过是个体为避免生活中的不愉快和可能的失败而试图采取的绕行道路。我们需要记住的是，正是那些拥有丰富想象力且之后能够将幻想与现实结合起来的人能够成为人类发展的引导者。他们能够成为引导者不仅是因为他们接受了更好的学校教育、具有更敏锐的观察力，还因为他们具有面对生活中的困难并克服困难的勇气和意识。伟人的传记经常表明，虽然他们不喜欢现实，且在童年时期通常是坏学生，但他们确实发展了观察周围环境的非凡能力；所以一旦条件变得更加有利，他们的勇气就会变得越来越大，这可以促使他们再一次接近现实并开始战斗。自然，世上没有关于如何让孩子们成为伟人的规则。但需要记住的是，我们永远不能粗暴地对待孩子，我们必须始终鼓励他们，尝试向他们解释现实生活的重要性，从而确保他们不会在他们的幻想与现实之间制造一条鸿沟。

第九章

新环境——对准备状况的考验

心理活动不仅具有统一性,从各个时期的人格表达相互吻合、呼应这个意义上说,心理活动还具有连续性。人格的发展在时间上不存在跳跃性。现在和将来的行为与过去的行为是一致的。这并不是说个体生活中的事件是由过去和遗传决定的,而是意味着未来和过去联系在一起,中间没有断裂。虽然我们不知道我们的本性是什么(也就是说,在表现出来之前,我们不知道我们的全部性格),但我们不能一夜之间出现惊人的改变。

人格的连续性(不涉及机械决定论)不仅可以帮助我们教育并促进儿童做出改进,也可以帮助我们在特定时间检测到人格发展状态。在进入一个新处境时,个体的隐藏性格特征就会暴露出来。如果我们可以直接对个体进行测试,将他们送到完全陌生的新情景中,我们可以发现他们的人格发展状况。他们在新处境中做出的行为肯定与他们过去的性格相一致,可以展现出在通常情境下不可能发现的性格。

就儿童而言,我们或许可以在一些过渡时期(他们从家向学校过渡,或他们的家庭条件突然发生变化时)详细了解他们的性格。因为只有在那时,儿童的性格才会被清晰地显示出来,就好像将摄影底片放入到显影液中一样。

第九章 新环境——对准备状况的考验

我们曾经有机会对一个被领养的儿童进行观察。我们发现这个儿童是一个积习难改、脾气暴躁的孩子，行为令人难以捉摸。而且，在我们与这个儿童进行交谈时，我们发现他无法做出恰当的回答。他会谈到一些与我们的问题无关的事情。结合这些情况，我们认为：这个儿童已经被他的养父母带回家中几个月，但他仍然对他们保持着敌对的态度。由此可见，他在养父母家中生活得并不愉快。

这是我们可以得出的唯一结论。他的养父母并不认同，表示这个儿童得到了良好的照顾，而且比他以前所受的照顾都好。但这不是问题的所在。我们经常听到父母说："我们用尽了一切办法，软硬兼施，但都没有任何帮助。"但只有善意是并不足够的。有些儿童会对父母的善意做出回应，但我们绝不能由此认为可以改变他们。这些儿童认为他们只是暂时处于有利地位，他们的基本情况没有发生变化，而且在善意消失后，他们就会故态复萌。

我们需要做的是了解这个孩子的感受和想法，即他如何解读他的情况，而父母的想法并不重要。我们向这对养父母指出，这个孩子对他们并不满意。我们不知道他是否有合理的理由，但是他们之间肯定发生了一些事情，引起这个儿童对他们的憎恶。我们告诉他们，如果他们无法纠正孩子的错误并赢得他的爱，他们最好把这个儿童交由其他人抚养，因为他认为自己受到监禁，并做出反抗。后来，我们听说这个男孩成了名副其实的暴躁儿童，周围的人认为他非常危险。温和的对待可能会使这个儿童的情况得到轻微改善，但这是不够的，因为我们不了解他的整体心理计划。我们在得到进一步的信息后才了解这个案例的真正原因：他与养父母的子女一起长大，认为他的养父母更关心自己的孩子。这当然不是乱发脾气的理由，但这个孩子想要离开这个家庭，因此，每一个可以促进他的愿望实现的行为看起来都适合他。因此，他是根据自己设定的目标明智地采取行动，我们排除这个儿童低能的可能性。他的家人经过一段时间才意识到如果他们无法改变他的行为，他们只能将他送走。

如果这类儿童因为自己的失误而受到惩罚，这些惩罚就会是他继续反抗的理由，且会证实他的感觉，即他的反抗是正确的。我们的观点有充分的依据。从我们的角度来看，儿童的所有错误都是儿童与环境抗争的结果、儿童无法适应新环境的结果。虽然这些错误有些幼稚，但这并不奇怪，因为成人也会出现相同的幼稚表现。

人们几乎从未深入探索动作和没有遮掩的表达形式的解释。在将所有表达联系起来，探究它们之间的联系及其起源方面，老师具有得天独厚的优势。需要记住的是，一种表达形式在不同的情境中可能具有不同的含义；两个儿童可能会做同样的事情，但这件事情的含义可能却不相同。此外，具有同一样心理问题的儿童采取的表达形式也各不相同。简单地说，通往某个目标的道路不止一条。

我们不能从常人的角度评判对错。儿童犯错误的原因是他

第九章 新环境——对准备状况的考验

们设定了一个错误的目标；结果就是，他们为实现这一错误目标而努力的结果也是错误的。人类本性的一个特点就是，犯错的可能是不可胜数的，但真理只有一个。

此外，还有一些表达形式在学校不被注意，但具有重要意义。例如，睡觉的姿势。关于这个表达形式，我们有一个有趣的案例。一名十五岁的男孩经常产生一种幻觉：当时的君主弗朗西斯·约瑟夫一世逝世，他的鬼魂找到了他，命令他组织一支军队来对抗俄罗斯。我们在夜晚进入他的房间查看他的睡姿，看到他的睡姿很特别，俨然是拿破仑的典型姿势。在第二天对他进行观察时，我们发现他的动作姿态与他在睡觉时呈现的军姿相似。很明显，幻觉与清醒时的动作态度大有关联。之后，我们引导他进行了谈话，我们在这次谈话中试图让他相信皇帝仍然活着。他不愿意相信这件事。他告诉我们，他在咖啡馆做侍应生时经常因为矮小的身材受到戏弄。当我们问他是否认识一个具有类似行走姿势的人时，他想了一下后回答说是他的老师，梅尔先生。我们的推理是正确的，只要将梅尔老师的形象设想成小个子拿破仑就可以解决这个问题。更重要的是：这个男孩告诉我们他想成为一名教师。这位梅尔老师是他最爱的老师，他想在一切事物上模仿他。简而言之，这个男孩的整个生活都体现在了他的姿势上。

新环境就是对儿童准备情况的一个考验。如果一个儿童已经做好了充分的准备，他就会满怀信心地迎接新环境。但如果儿童缺乏准备，新环境会带来一种紧张感，这会导致儿童产生一种能力欠缺的感觉。这种感觉会影响这些儿童的判断，导致他们对新环境的反应并不客观、准确，即不符合新环境的要求，因为他们的反应并没有以社会情感为基础。换句话说，儿童在学校的失败不仅应被归因于学校系统的效率低下，还应被归因于儿童的最初准备不足。

我们必须对新环境进行审视，这不是因为我们认为这是儿童行为恶化的原因，而是因为我们知道这能更清楚地反映儿童的准备不足问题。每一个新环境都可以被认为是对儿童准备状况的测试。

在这一方面，我们需要对调查问卷中的一些问题进行讨论：

1. 问题是从什么时候开始的？我们得到的答案表明是在换到新环境的时候。如果一位母亲说她的孩子在上学之前表现良好时，她向我们传达的信息比她真正理解的要多：她实际上表明了这个儿童很难适应学校的新环境。但如果母亲回答说"在过去三年"时，她给的答案还不够。我们必须知道在三年前，儿童的成长环境或身体状况发生了哪些变化。

儿童逐渐对自己失去信心的第一个迹象通常是他无法适应学校生活。人们通常不会重视儿童的最初失败，但这对儿童来说可能意味着灾难。我们需要了解儿童是否经常因学习成绩较差挨打，以及这些成绩或惩罚对儿童的优越感追求造成了什么样的影响。在这种情况下，特别是他的父母习惯于说"你将一事无成"或"你将来肯定死在绞刑架上"时，儿童可能会确信

第九章 新环境——对准备状况的考验

自己无法取得任何成就。

有些儿童会受到失败的激励；但有些儿童会因失败而一蹶不振。对于那些对自己失去信心、对未来失去信心的儿童，我们应该给予鼓励。我们必须温和、耐心、宽容地对待这些儿童。

此外，对性的粗暴解释可能会让儿童感到困惑，而姐妹或兄弟的辉煌成功可能会阻止儿童的进一步努力。

2. 这些问题有明显迹象吗？这个问题的意思是，在他所处的环境发生变化之前，儿童准备不足的情况是否明显？对于这个问题，我们得到了很多不同的回答。例如"这个孩子的内务很乱"，这意味着他的母亲过去常常替他收拾一切；"他总是有些胆怯"，这意味着这个儿童非常依赖家人。如果人们对一个儿童的描述为身体孱弱时，我们会假定他患有先天器官衰弱或缺陷，并由此获得了家人的溺爱或纵容；或者因丑陋而被忽视。这个问题也涉及可能的低能。例如，儿童可能发育缓慢，因此被怀疑有智力问题。虽然他后来已经摆脱了这种状况，但被纵容或受限制的感觉仍然会遗留下来，这会增加他们应对环境的难度。如果人们告诉我们这个儿童胆小且粗心，我们可以肯定他是想由此来获得他人的注意。

教师的首要任务是赢得儿童的信任，并在之后培养他的勇气。如果一个儿童表现得比较笨拙，老师必须了解他是否惯用左手。如果儿童表现出夸张的笨拙，老师应该了解这个儿童是否完全理解他的性别角色。以下几类男孩会习惯于女性角色，且会在之后出现非常激烈的内心冲突：在女性气氛浓厚的环境中长大的男孩、没有其他男孩陪伴的男孩、被戏弄和嘲笑且经常被像女孩一样对待的男孩。对男女之间的基本性别区分的无知会导致儿童相信可以改变自己的性别。但他们最后会发现他们的身体结构不可改变，并会试图根据他们希望的性别发展男性或女性心理特征，从而进行补偿。他们会在服饰和举止方面表达这些倾向。

此外，一些女孩会对女性职业产生反感。出现这个现象的主要原因是此类工作被认为是无价值的，这的确是我们文明的一个很大失误。当今社会仍然存在这样的传统，即男性享有一些女性所没有的特权。我们的文明显然对男性更有利，且赞同男性为他们自己所假定的某些权力。与女孩相比，男孩的出生通常可以给家人带来更多快乐。这一现象只会对男孩和女孩产生有害影响。自卑这根刺很快就会刺痛女孩，而男孩却会因为过多的期待而承受沉重的负担。此外，女孩的发展受到限制。不过，在某些国家，例如美国，这种强制行为不再那么明显。但即使是在这些国家，社会关系方面的平衡依旧没有实现。

儿童的心理折射了人类的整体精神状态。女孩对女性角色的接受会包含一些艰难困苦，这偶尔会引起反抗。这种反抗经常表现为任性、顽固、懒惰，所有这些都与对优越感的渴望有关。在这些迹象出现时，老师必须了解女孩是否对自己的性别感到不满意。

对自身性别的不满可能会扩展至生活的其他领域，届时，

第九章 新环境——对准备状况的考验

生活会成为一种负担。我们偶尔会发现有人希望生活在没有性别差异的星球上。这种错误的想法可能导致各种荒谬的言行，或彻底麻木、犯罪，甚至自杀。而惩罚和关爱的缺失只会增强这种不足感。

如果我们以一种不唐突的方法让儿童了解到男女之间的差异，告知他们两个性别的价值相同时，这种不幸状况就可以被避免。在通常情况下，父亲在家中似乎享有某种优越地位，他似乎是一家之主，可以制定规则，向妻子吩咐和解释某些做法。家中的哥哥或弟弟会试图凌驾于他们的姐姐或妹妹之上，并嘲笑和批评她们。这是的女孩对自己的性别感到不满意。心理学认为，哥哥或弟弟的这种行为源于他们自己的无力感。能够做某事与表面看起来能够做某事是完全不同的。认为女性至今为止没有获得巨大成就的观点是错误的。到目前为止，人们并未培养女性去做伟大的事业。男性之前曾将长筒袜交给女性去修补，并试图让女性相信这是她们的工作。虽然这种情况在现代已经有所改变，但我们培养女孩的方式依未表示我们期待她们取得非凡的成就。

一方面，我们帮助女孩准备的工作有所欠缺，另一方面，我们在女孩取得较差成就时会提出负面批评，这是目光短浅的行为。但要改善目前的情况并不容易，因为不仅是父亲认为男性的特权是合理的，母亲也这样认为。他们向孩子灌输男性权威的思想，教导男孩要求女性服从，并教导女孩服从男性的要求。儿童应该尽早知道他们所属性别，并明白他们的性别是不可改变的。正如我们之前所说，女性已经对男权拥有权威和优越感产生了不满。这种不满有时变得非常强烈，导致这些女性拒绝接受她的性别，并努力尽可能地像男人一样行事。个体心理学将这个现象称为"男性钦羡"。此外，诸如畸形或发育不完全之类的症状往往导致成年人因生理发育状况而怀疑自己的性别（女孩身上出现男性生理特征，男孩身上出现女性生理特征）。这些信念有时是根深蒂固的，与身体构造的缺陷相关。幼小的身体结构（这种情况在男性中更明显）会引起男性具有女性特征的印象。但这是不正确的，因为这样的男性更像是一个孩子。一个身体发育不完全的男性会痛苦地认为自己低人一等，因为我们文明中的理想型是雄壮威武的男性，他的成就需要超越女性。对于女孩来说，发育不完全或缺乏美感也经常导致对生活问题的厌恶，因为我们过分重视美丽。

性情、气质和感受被视为表现两性区别的第三性征。敏感的男孩通常被描述为偏女性；镇定、自信的女孩通常被描述为偏男性。这些性格特征都不是天生的，而是后天习得的。在回想起在童年早期形成的这些性格特征时，有些成年人会提起这样一个事实：他们在童年时的举止、表现较为怪异，他们内向、安静，或表现得像男孩或女孩（视情况而定）。他们之后根据自己对性别角色的解读成长。发展。问卷接下来的问题涉及儿童的性发育和性经验的情况，表明在某个年龄阶段，儿童对性应该有某种理解。可以说，在父母或教育工作者最终向他们解释性问题时，至少有百分之九十的儿童早已了解这些事实。

第九章 新环境——对准备状况的考验

对性教育，我们无法做出硬性规定，因为人们无法预测孩子对此的接受和相信程度，也无法预测这会对儿童产生什么样的影响。因此，在孩子问及性问题时，人们应该在仔细考虑孩子当时的状况后给出相应解释。过早的解释是不可取的，即使它并不总会造成有害结果。

问卷中提及的关于被领养子女或继子女的问题比较棘手。这两类儿童认为良好待遇是理所当然的，并将所有的严厉对待归咎于他们的特殊家庭处境。有时，失去母亲的孩子会特别依附他的父亲。但如果在一段时间后，他的父亲再婚，这个儿童会觉得自己被抛弃了；他会拒绝与继母友好相处。值得注意的是，有些孩子认为他们的亲生父母是继父母，这意味着他的父母对他进行了尖刻的批评和抱怨。因为许多童话故事中的邪恶角色，继父母而获得了不好的名声。可以说，童话故事并不是完美的儿童阅读材料。完全禁止这些童话故事是不可能的，因为儿童可以从中学到很多关于人性的知识。不过，人们有必要为某些故事做出纠正性评论，并防止儿童阅读那些存在残忍或扭曲幻想的故事。讲述强者做出残酷行为的童话故事偶尔会被用来使儿童读者变得强硬，消除他们软弱的感情，这是源自于我们的英雄崇拜的另一个错误想法。而且，男孩们认为表达同情是没有男子汉气概的。温柔的情绪会受到蔑视，这是令人费解的，因为在被正确应用时，这些情绪是非常有价值的，但任何情绪都会被滥用。

非婚生子女也处于极其艰难的处境。毋庸置疑，女性和孩子承担非婚私生子的负担，男子却置身度外是不公平的。为此付出最大代价的当然是儿童。无论他人如何帮助这类孩子，孩子的痛苦还是无可避免的，因为常识很快就会告诉这些孩子，他们的处境并不正常。他们会被同伴嘲笑，或者，有些国家的法律会使他们的生活变得艰难，非婚生子的名声会在他们身上烙下深深的烙印。由于他们的敏感，他们很容易与人发生争吵，并对世界产生敌对态度，因为在每种语言中，关于这些儿童的称呼都是丑陋、侮辱性和恼人的。这正是问题儿童和罪犯中有那么多孤儿和非婚生子女的原因。不过，人们不能将非婚生或孤儿中的这些性格倾向归因于天生或遗传。

第十章

儿童的学校教育

正如我们之前所说，在进入学校后，儿童会发现他们处于一个完全陌生的环境。与所有的新环境一样，学校可以被视为对之前准备状况的考验。如果儿童在此之前接受过适当的培养，他就可以顺利通过这次考验；但如果没有，这个儿童的准备不足将会清晰地显现出来。

我们通常不会记录儿童在进入幼儿园和小学时的心理准备情况，但如果有这样的记录，这些记录将有助于人们理解儿童成年后的行为。这种"新环境考验"将比普通的学业成绩测试更能反映儿童的情况。

我们对初入学校的儿童的要求是什么呢？在学校的学习要求儿童与老师和同学配合，且对学校科目感兴趣。根据儿童对新环境的反应，我们可以了解他的合作能力和兴趣范围。我们可以确定这个儿童感兴趣的科目；我们可以了解他是否对他人所说的话感兴趣。为此，我们需要这个儿童的态度、动作、面容、聆听方式，以及他是以友好的方式接近老师还是与老师保持距离。

关于这些细节会对一个人的心理发展造成哪些影响，我们将结合以下案例进行说明。一位男士无法适应自己的职业，他为此找到一位心理医生进行咨询。在回顾他的童年时，心理医

第十章 儿童的学校教育

生发现他与他的姐妹一起长大,他的父母在他出生后不久就去世了。在到了入学年龄时,他不知道自己应该到女子学校还是男子学校报到。最终,他被他的姐姐说服到女子学校报到,但在之后不久就被开除了。可以想象,这对他的心灵造成了巨大伤害。

儿童能否集中注意力在很大程度上取决于儿童对老师的兴趣。保持儿童的注意力,并了解儿童何时无法保持专注或无法集中注意力是教师的教育技巧之一。有许多儿童在入学时没有保持注意力的能力。他们通常是受到溺爱的儿童,会在有许多陌生人出现时感到惶惑。如果老师碰巧有点严厉,这类儿童会表现出记忆力很差的样子。但是,这种记忆力不好并不像通常所认为的那样简单。一个被老师责备记忆力差的儿童可以清楚地记住其他事情。他甚至能够集中注意力,但这仅限于他在家里获得溺爱的情况。在这种情况下,他关注的是他自己想要被溺爱的欲望,而不是学校功课。

如果这类儿童在学校与他人相处不好,而且他的学习成绩很差且没有通过考试,对这个儿童进行批评或指责是没有用的。批评和指责不会帮助他改变生活风格,反而会让他确信他不适合上学,让他产生一种悲观的态度。

值得注意的是,在老师赢得被溺爱儿童的信任后,这些被溺爱儿童通常会成为非常优秀的学生。这类儿童可以在他们获得极大优势时表现良好;不幸的是,我们不能保证他们在学校总是受到偏爱。如果这类儿童的学校或老师发生变化,或如果这类儿童在特定科目中没有取得进步（对于被溺爱的儿童来说，算术一直是一门危险的科目），他就会止步不前。他无法勇敢前进，因为他习惯于有人为他将困难的事情简化。他从未接受过努力奋斗的教导，也不知道如何努力奋斗。他没有耐心去迎接困难并通过有意识的努力克服困难。

我们由此可以明白为上学做好充分准备的意义。在儿童准备不足时，我们总能在这些儿童身上发现母亲的影响。我们知道，母亲是第一个唤醒儿童的兴趣的人，因此负有将这种兴趣引导到正确轨道的重要责任。如果她没有正确履行自己的责任（大多数母亲经常会犯这个错误），那么结果就会明显地反映在儿童在学校的表现上。除了母亲的影响之外，还有整个家庭的影响，即父亲的影响、孩子之间的竞争，对此，我们已经在其他章节分析过了。此外，还有外部环境的影响，例如，不良社会环境和偏见，我们将在接下来的章节中对此进行详细讨论。

简而言之，考虑到导致儿童准备不足的所有这些情况，仅根据儿童的学习成绩对儿童进行判断是错误的。相反，我们应该将成绩单看作是儿童心理状况的反映。重要的不是儿童取得的成绩，而是这些成绩在儿童智力、兴趣、注意力集中等方面的含义。尽管学业测试与智力测试之类的科学测试在结构方面存在不同点，但我们不应该对这两类测试进行不同的解读。在这两类测试中，人们应该将重点放在测试所揭示的儿童心理上，而非其中记录的大堆事实。

近年来，那些所谓的智力测试取得了很大的发展。教师

第十章 儿童的学校教育

对这些智力测试的结果非常重视。这些测试有时是非常有价值的，因为它们可以揭示普通测试不能揭示的东西。这些测试有时帮了孩子的大忙。例如，一个男孩的学习成绩较差，他的老师希望他留级，但此类智力测试表明他的智力水平较高。结果，这个儿童非但没有留级，甚至还跳了一级。这个儿童由此会获得一种成功感，并在之后表现得非常优秀。

我们并不是要贬低智力测验和智力商数的作用，但我们必须强调的是，儿童和父母都不应该知道智力商数。这是因为父母和孩子都不了解智力测验的真正价值。他们认为智力测试结果代表了一个最终的、完整评定，表明了儿童的命运，儿童会因此受到这个结果的限制。实际上，把智力测试的结果视为绝对结论的做法是备受批评的。在智力测试中获得的良好成绩并不能确保儿童以后会获得较好的生活，相反，在其他方面取得成功的成年人有时会在智力测试中取得较低的分数。

个体心理学家的经验表明，如果测试者摸索到正确的方法，在初次测试中获得较低分数的儿童可以在之后的测试中获得较高分数。其中一种方法是让儿童琢磨某一特定类型的智力测验，找到正确的技巧，从而获得进行这种测试的正确准备。通过这种方式，儿童可以积累经验，并在之后的测试中取得更好的成绩。

固定模式的教学对儿童有哪些影响，以及儿童是否受到沉重功课的压力也是一个重要的问题。我们并不是要贬低学校安排的科目的价值，而且，我们不认为应该减少教学科目的数量。当然，以一种连贯的方式教授课程是很重要的，这样孩子们就能了解他们所学课程的目的和实用价值，而不是把它看作抽象的纯粹理论。关于我们是否应该教导儿童学习科目和事实，或者我们是否应该在人格方面给予儿童指导，目前存在很多讨论。个体心理学认为可以将两者结合起来。

正如我们之前所说，学习科目应该有趣而又实用。例如，应该结合建筑物的风格和结构，以及建筑物中可以容纳的人员数量等来教授数学（算术和几何）。此外，我们还可以将一些科目放在一起教授。一些更为先进的学校聘请了相关教授进行相关联科目的教授。他们会与儿童一起散步，发现儿童更感兴趣的一些学科。他们尝试进行综合教育，例如，他们尝试将植物教学与植物史、国家环境等结合在一起。通过这种方式，他们不仅激起了儿童对那些他们原本不会感兴趣的学科的兴趣，还教会了儿童以一种协调和综合的方法来处理事情，这是所有教育的最终目标。

此外，有一点是教育工作者不能忽视的，那就是学校里的儿童觉得他们在进行个人竞争。这一点是非常重要的。理想的学校班级应该是一个集体，班级内的每个儿童都认为自己是集体的一分子。老师应该确保竞争和个人雄心被保持在一定范围内。儿童不喜欢看到其他人领先，因此会不遗余力地超越竞争对手，否则就会重新陷入失望，带着主观情绪看待事物。这时，老师的建议和指导非常重要，老师提供的正确建议可以将把儿童的注意力从竞争转移到合作。

第十章 儿童的学校教育

从这方面来说,在班级中建立合适的自治方案是有帮助的。我们无须等到儿童完全准备好自治才制订这类方案。我们可以让孩子们先观察正在发生的事情,或以顾问的身份提出意见。如果儿童在没有准备的情况下接触自治,我们就会发现他们在进行惩罚时比教师更严厉,且会利用政治职能谋取好处和优越感。

关于儿童在学校取得的进步,我们必须考虑老师和儿童的意见。有趣的是,儿童在这方面拥有非常准确的判断力。他们知道谁在拼写、绘画、体育方面表现最好。他们可以对每个人做出准确的评价。他们对其他人的评价有时不是很公正,但他们会意识到这一点,并努力做到公平。最大的困难是他们通常看轻他们自己;他们相信"我没有办法赶上别人"。但事实并非如此,他们能够赶上别人。人们必须向他们指出他们在自我判断中犯的错误,否则它将成为一生中的固定观念。有这种想法的孩子永远不会进步,只会停留在原地。

大多数的学生几乎一直处于一个水平:他们是最优秀的、最差的或平均水平的。与其说这种情况反映了大脑的发育,不如说这种情况反映了心理态度的惯性。这标志着孩子们在经过几次测试后局限了自己,对自己不再抱有乐观态度。但学生成绩会偶尔出现一些变动,这一事实是非常重要的:这个事实表明没有所谓的宿命,儿童的智力发展不是命中注定的。人们应该让儿童认识到这一点,并让他们将这一点应用到自己的学习中。

此外,老师和儿童都应该摆脱一种盲目的想法,即智力正常的儿童所取得的成果应归功于遗传。这可能是有史以来人们在儿童教育方面所犯的最大错误。当个体心理学率先指出这一点时，人们认为这只是我们的一个乐观猜想，而不是基于科学的普遍原则。但现在，越来越多的心理学家和精神病学家开始接受这种观点。父母、老师和儿童很容易将遗传作为替罪羊。每当遇到需要努力才能解决的困难时，他们总是借口遗传来减轻他们对某些事情的责任。但我们没有权利逃避责任，我们也应该对旨在为自己开脱责任的观点持怀疑态度。

如果教育工作者相信他的工作具有教育价值，认为教育是对品格的培养，那他就不可能都接受遗传学说。我们在这里所说的遗传学说并不涉及身体遗传。我们知道，器官缺陷，甚至器官能力的差异都是可以遗传的。但是，器官功能与心理能力之间有什么联系？个体心理学坚持个人的心理会受器官功能影响，且会顾及器官功能问题。但有时，个体的心理会过多顾及器官缺陷问题，个人会被一些器官缺陷所吓倒，而且恐惧会在器官原因被消除后持续很长时间。

人们总是喜欢追溯事情的起源，并寻找这个现象产生的萌芽。但在衡量个人成就时应用的遗传观点非常具有误导性。这种思维模式的一个常见错误是忽略了大部分祖先，忘记了在家庭树，每一代都有父母两人。如果我们向前追溯五代，我们可以找到64位祖先，而在这64位祖先中，我们毫无疑问可以找到一个可以对其后代的能力做出贡献的聪明人。如果我们向前追溯十代，我们可以找到4096位祖先，毫无疑问，我们可以在其中找到一个非常有能力的人（如果至少一个的话）。此外，我们绝不能忘记

第十章　儿童的学校教育

的是，一个非常有能力的人为一个家庭留下的传统通常与遗传具有类似的效果。因此，我们可以理解为什么一些家庭会比其他家庭产生更多有才能的人。很显然，这不是因为遗传。如需更形象地理解这个概念，只要考虑在欧洲，每个孩子被迫继续从事其父亲的职业的情况就可以了。如果我们忘记考虑这一社会制度的作用，遗传的统计数据就会变得更有说服力。

除了遗传的想法之外，给儿童造成最大困难的问题是家长因较差的学习成绩而施加的惩罚。如果一个儿童的学习成绩较差，他会发现他的老师不怎么喜欢他。他在学校会为此感到苦恼，而在回到家中后，他通常会受到父母的惩罚。他会被父亲或母亲责骂，甚至还会挨打。

学校教师应该考虑糟糕的成绩单可能带来的后果。一些老师认为儿童如果害怕向家里展示糟糕的成绩单，那这个儿童就会更加努力。但这些老师没有考虑特定的家庭环境。有些家庭对儿童的教育相当严厉，这类儿童在将糟糕的成绩单带回家之前会再三思量。最终的结果可能是他不敢回家，有时会陷入极端的绝望中，并会因为害怕父母而自杀。

虽然教师不对学校系统负责，但如果教师可以以个人的同情和理解来缓和系统中毫无人情的严肃规定，那就最好不过了。所以，教师需要考虑特定学生的家庭环境，适当地温和对待这个学生，从而鼓励这个学生而不是打击他的积极性。学习成绩一直较差的儿童总是会有很重的心理负担，而且其他人会不断告知他是最差学生，他最后也开始相信这一点。如果我们能够设身处地地考虑这类儿童的情况，我们可以很容易地理解他为什么不喜欢上学，这是人之常情。如果有人在某个地方总是受到批评，一直取得糟糕的成绩，并且失去了赶上他人的希望，这个人就不会喜欢这个地方，并会试图逃避这个地方。因此，当我们发现这类儿童逃避学校时，我们不应该感到烦恼。

虽然我们无须为此类事情感到恐慌，但我们应该认识到这类事情的含义。我们应该意识到这意味着问题的开始，特别是此类事情在青春期发生时。这些孩子很聪明，会通过各种方式来保护自己，包括伪造成绩单、逃学等。他们会遇到与他们相似的人，然后混在一起，并最终走上犯罪的道路。

如果我们接受个体心理学中的观点，即任何孩子不应该被认为没有希望的，所有这一切都是可以避免的。我们必须相信我们总能找到一种方法来帮助儿童。即使在最糟糕的情况下，也总会有一种特殊的方法，当然，这需要我们去探索。

关于留级所产生的糟糕结果，我们几乎无须多说。老师会认为留级的儿童会给学校和其家庭带来难题。并非所有留级的儿童都是问题儿童，但例外情况很少。大多数留级的学生都不止一次地留级重读：他们落后于其他人，他们的问题始终没有得到解决。

是否让儿童留级是一个难以解决的问题。有些老师成功避免了这个问题。他们利用假期来对特定儿童进行培训，找出并纠正其生活风格中的错误，从而使这个儿童可以顺利升级。如果我们在学校设立专门辅导制度，这种方法就可以得到更广泛

第十章 儿童的学校教育

地应用。但是，我们现在只设立了社会工作者和访问教师，尚未设立辅导教师。

德国并没有设立访问教师制度，而且这在德国似乎是完全没有必要的。公立学校的班主任对儿童具有最全面的了解。在他们公正地看待问题时，他们能够更透彻地了解正在发生的事情。有人认为班主任无法了解每一个学生，由于这个班级里的学生太多了。但是，如果对儿童入学时的情况进行观察，老师可以很快地看出每个儿童的生活风格，并可以避免很多问题。即使班级里的学生很多，老师也可以做到这一点。与不了解学生状况的老师相比，了解学生状况的老师可以更好地教育这些学生。一个班级中有过多的学生并非好事，且是应该避免的，但这并不是不可以克服的障碍。

从心理学的角度来看，最好不要每年更换一次老师或像某些学校那样每六个月更换一次老师，最可取的方法是让老师陪伴学生进入新的学年。如果教师可以和同一群儿童一起生活两年、三年或四年，这会带来一个巨大的好处。因为老师有机会详细了解班级里的所有儿童，并能够了解如何纠正每个儿童在生活风格中的错误。

儿童经常会跳级。这种做法是否有利是值得商榷的。跳级的儿童常常无法满足跳级所引起的高期望。其实，在儿童的年龄较大，不适合在当前年级就读时可以考虑跳级。此外，还可以在儿童之前落后，但后来得到发展和改善时考虑跳级。跳级不应该被作为对那些获得较好成绩，或更多知识积累的儿童的奖励。如果一个学习出色的儿童把时间花在课外学习上，例如画画、音乐等，这对他会更有利。学习出色的儿童以这种方式可以获得更多知识，这对整个班级都有利，因为这会激励班级里的其他学生。将班级里的优秀学生抽走并非好事。有人认为我们应该提报表现出色的学生。对此，我们并不认同。我们认为学习出色的儿童可以带动整个班级的发展，并为整个班级的发展提供了更大的动力。

仔细考虑一下学校中的两种班级（快班和慢班）是非常有意义的。令人惊讶的是，与大多人的认知不同，快班中的一些儿童是低能的，而落后班中并没有低能儿童，但有些学生来自贫困家庭。来自贫困家庭的儿童获得了呆笨的评论，其原因是他们的准备并不充足。这个问题很容易理解的：在贫困家庭中，父母需要做很多事情，因此不能将更多的时间用于教导儿童，或者，这些父母没有足够的儿童抚养相关知识。这些缺乏心理准备的儿童不应该被分到慢班中。对于儿童来说，被分到慢班是一种侮辱，且会因此受到同伴的嘲笑。

照顾这类儿童的更好方法是应用我们在前文提及的辅导教师。除了设立辅导教师之外，还应该设立俱乐部，儿童可以自由进入该俱乐部并获得额外的辅导。他们可以在俱乐部做作业、玩游戏、看书等。通过这种方法，他们就可以接受增加勇气的培训，而不是令他们感到沮丧的培训（经常发生在为落后儿童所设的班级中）。如果配备拥有更多设施的游乐场所，这类俱乐部可以让儿童彻底离开街道，远离不良影响。

第十章 儿童的学校教育

关于教育实践的所有讨论都提出了男女混合教育的问题。有人认为我们在原则上应该推广男女混合教育，这可以帮助女孩和男孩更好地了解彼此。但认为在实施男女同班时可以由学生发展的看法是错误的。人们必须认识到男女混合教育涉及一些特殊问题，否则，这种教育方式的缺点将会掩盖住优点。例如，人们通常会忽略这样一个事实，即在十六岁之前，女孩的发展通常比男孩要快。如果男孩们没有意识到这一点，只看到女孩们比他们进步得更快，他们就会失去平衡，与女孩们进行毫无意义的比赛。学校的管理部门和班上的老师都应该考虑这类事实。

如果教师支持男女混合教育，且了解所涉及问题，他就可以成功地实现男女混合教育。但如果老师不支持男女混合教育，他就会认为这个教育体系就是一种负担，因此无法在他的班级成功实施男女混合教育。

如果男女混合教育制度没有得到适当管理，如果儿童没有得到正确的引导和监督，性问题自然就会出现。我们将在之后的章节对性问题进行更详细的讨论。在这里需要指出的是，在学校进行性教育是一个复杂的问题。事实上，学校并不是传授有关性知识的适当地方，因为老师在对全班学生教授相关知识时，他不知道这些儿童会如何理解他所说的话。但如果儿童私下向老师索取信息，情况则会有所不同。如果一个女孩向老师询问相关事实，老师应该正确回答。

以上论述有些偏离主题，涉及学校教务安排问题。现在我们将回到问题的主要核心，即我们可以通过了解儿童的兴趣并找出他们可以取得成功的科目来找出教育儿童的方法。一事成，万事成，这在教育和其他人生阶段都是如此。如果一个儿童对一个科目感兴趣并且在一个科目中取得成功，他就会受到鼓舞，并开始尝试其他事情。老师需要利用这一项成功来激励学生获得更多知识。学生自己并不知道该如何这样做（就好像用自己的鞋带将自己提起来一样），我们所有人在从无知到有知的过程中都会遇到这种情况。但老师知道该怎么做，而且如果他给予相关指导，学生会明白这一点并积极合作。

我们在上文提出的关于感兴趣科目的观点也适用于儿童的感觉器官。我们必须找出儿童最常使用的感觉器官，并找出他所属的感觉类型。有些儿童在观看和观察方面接受了更好的训练，有些儿童在听力方面接受了更好的训练，有些儿童在运动方面接受了更好的训练。近年来，所谓的手工操作学校广受欢迎，他们采用了将教学科目与眼睛、耳朵和双手训练相结合的合理原则。这些学校的成功表明了利用儿童的实际兴趣的重要性。

如果教师发现一个儿童是视觉类型的儿童，他应该明白这个儿童在必须使用眼睛的科目（例如地理）中会更容易取得成功。因此，如果在讲课时，这个儿童可以更多地运用他们的眼睛，而不是耳朵，这个儿童会取得更好的成果。这只是教师应该对特定儿童问题具有的特定类型的深刻见解的一个事例。除此之外，老师在第一次看到某个儿童时还可以发现许多其他这样的见解。

总而言之，理想的教师具有一个神圣而又迷人的任务——他需要塑造儿童的心理，人类的未来掌握在他的手中。

第十章 儿童的学校教育

但是,我们应该怎样从理想过渡到现实呢?仅仅设想理想教育是不够的。我们必须找到一种方法来推进教育理想的实现。很久以前,本书作者在维也纳开始寻找这种方法,而探索的结果是在学校建立咨询或辅导诊所。[1]

设立这些诊所的目的是使用现代心理学的知识为教育体系服务。一位既了解心理学知识,又了解老师和家长的心理学家可以与教师一起工作,并在特定日期提供心理咨询义诊活动。在这一天,教师们将会聚在一起,提出他遇到的特殊问题儿童案例。这些案例可能包括懒惰儿童、扰乱班级秩序的儿童、偷窃的儿童等。在老师描述问题儿童的特殊情况后,心理学家将提供自己的见解。然后,他们将开始讨论:问题出现的原因是什么?这种情况是何时出现的?应该做什么?在这个过程中,他们将会对儿童的家庭生活及其整体心理发展进行分析。最后,他们将根据综合知识决定应该对特定的孩子采取的具体措施。

在之后的咨询中,儿童及其母亲都会参加。在确定了跟母亲做工作的具体方式后,儿童的母亲会首先被请去谈话。儿童的母亲会听取关于儿童失败的解释。之后,这位母亲会开始讲述她的见解,并与心理学家开始讨论。一般来说,母亲很高兴有人关心她的孩子,并很愿意配合。如果母亲的态度并不友好

---

[1] 详见《儿童指导》(作者为阿尔弗雷德·阿德勒等人,出版商为格林伯格纽约),这本书详细介绍了这些诊所的历史、技艺和结果。

且产生敌对态度，教师或心理学家就会开始谈论类似儿童的案例，直到抵抗情绪被消除。

最后，在他们会就应对儿童采取的方法达成一致意见。之后，老师和心理学家会与儿童见面。心理学家会与他谈话，但不会提及他的错误。心理学家会像在课堂上一样说话，客观地分析（以孩子能够理解的方式）问题、原因和导致发展不良的想法。心理学家会告诉这个儿童他感到自己能力不足、其他儿童受到偏爱的原因，以及他为何会对成功失去信心等。

我们对这种方法进行了十五年的随访，发现接受过这项工作培训的教师对此非常满意，且不想放弃他们已经坚持了四年、六年或八年的工作。

儿童可以从这项工作中获得双重收获：原来的问题儿童可以改掉自身的问题，学会与他人合作，并获得勇气。此外，没有进入咨询诊所的其他儿童也可以从中受益。例如，在班级里面出现可能成为问题的情况时，老师会建议儿童对这件事情进行讨论。当然，老师会指导讨论，儿童可以参与并有充分的表达机会。他们开始分析问题的原因，比如，班级里的懒惰情况。最后，他们将得出一些结论。而且，虽然懒惰的儿童不知道自己就是讨论的话题，但他们可以从讨论中获益。

本章简要说明了将心理学与教育融合的可能性。心理学和教育是同一现实和同一问题的两个方面。为了引导心理发展，我们需要知道心理的运作方式，因此，了解心理及其运作方式的人可以利用他的知识将儿童的心理引向更高、更恒久的目标。

第十一章

外部影响

个体心理学拥有全面的心理观和教育观，囊括了对"外部影响"的考虑。过去的内省心理学的研究范围非常狭窄，为兼顾该心理学遗漏的事实，冯特认为有必要开创一门新的科学（即社会心理学）。这在个体心理学中是不必要的，因为个体心理学既涉及个体，又涉及社会。个体心理学并没有把注意力完全集中在个体的心理上，以至于遗忘了对心理产生刺激的环境因素；也没有将注意力完全集中在环境上，以至于遗忘了特定心理的重要意义。

　　教育工作者和老师不应把自己视为儿童的唯一教育者。很多外部影响也会对儿童的心理造成影响，对儿童的心理进行直接或间接地塑造，间接的意思是外部环境影响父母的心理，让他们形成特定的心理状态，而父母的心理会影响儿童的心理。所有这些都是不可避免的，我们必须将这一切纳入考虑之中。

　　首先，教育工作者应该考虑经济环境。例如，我们需要记住的是，有些家庭世代都生活在非常压抑的环境中，一直在悲伤和苦痛中挣扎。他们深受这种悲伤和苦痛的影响，无法教育孩子形成健康与合作的态度。他们一直处在人类心理极限的边缘，对生活的恐慌决定了他们缺乏合作的态度。

　　而且，长时间的半饥半饱状态或糟糕的经济情况会对父

第十一章 外部影响

母和儿童的生理造成影响，这反过来会产生重要的心理影响。我们可以在战后欧洲出生的儿童身上发现这个问题。他们比上几代人更难培养。除了经济环境及其对儿童成长的影响外，还有一点是不能忘记的，那就是父母在生理卫生方面的无知造成的影响。这种无知与父母的胆怯和溺爱态度密切相关。父母想要宠爱孩子，不希望给他们带来任何痛苦。但父母有时是粗心的，例如，他们会幻想随着儿童的成长，脊柱弯曲会逐渐消失。因此，他们不能及时带儿童就医。这当然是错误的，特别是在医疗服务便利的城市。因为如果无法得到及时纠正，不良的身体状况可能会导致严重、危险的疾病，这可能会给儿童留下不好的心理创伤。从心理学角度来说，所有的疾病都是一个"危险的角落"，人们应该尽可能避免疾病的发生。

如果这些"危险角落"是无法避开的，人们可以通过培养孩子的勇气和社会意识来减少其危险性。事实上，只有社会意识不强的儿童才会在心理上受到疾病的影响。如果儿童认为自己是其成长环境的一部分，这个儿童就不会像被溺爱儿童那样受到危险疾病的影响。

之前的案例表明儿童通常会在百日咳、脑炎、舞蹈病和其他疾病之后开始出现心理问题。有人认为这些疾病正是引起心理问题的原因。但这些疾病实际上只是诱发了儿童的隐藏性格缺陷。在患病期间，儿童感觉到了自己的权力，并发现了他可以左右家人。他在患病期间看到了父母脸上的恐慌和焦虑，知道这一切都是为了他。因此，在疾病治愈以后，他想要继续成为父母关注的焦点，并试图用他的想法和要求父母。当然，这只发生在从未接受过社会意识培养，且只想找机会表现其个人渴望的儿童身上。

但值得注意的是，疾病有时也是儿童性格改善的良好时机。以一位学校老师的第二个孩子为例。这位老师非常关心这个孩子，但不知道该如何教导他。这个男孩会不时离家出走，而且一直是班上最差的学生。直到有一天，在被像往常一样准备送去感化院时，这个孩子被发现患有髋关节结核病。患有这种疾病的儿童需要父母长期照顾。在这个男孩终于康复后，他变成了这个家庭中最优秀的孩子。这个男孩所需的只是他父母的关注，他在患病期间得到了这些关注。他之前叛逆的原因是因为他一直感觉自己处于哥哥的阴影之下。由于他不能像他的哥哥那样得到家人的喜欢，他就一直在抗争。但是，这场疾病使他确信他也可以像他的哥哥一样得到家人的喜欢，因此，他开始表现良好。

我们还需要记住的是，儿童对他们曾经经历过的疾病都有很深的印象。儿童会被威胁生命的疾病和死亡震惊，而留在他们心中的标记会在以后的生活中显现出来，因为我们发现许多人非常关注疾病和死亡。其中一部分人找到了正确的方法来利用他们对疾病的关注，他们活血成为医生或护士。但很多人会一直感到害怕，疾病的影子在他们的脑中挥之不去，阻碍了他们的工作。对100多名女孩的传记进行的检查显示，近50%的女孩承认生活中的最大恐惧是疾病和死亡。

第十一章 外部影响

父母应该确保儿童的童年疾病不会给他们留下太深的印象。他们应该帮助儿童做好面对这些事实的心理准备,并保护他们不受到突然的惊吓。他们应该给儿童留下这样的印象,即生命是有限的,但时间是足够长的,值得一试。

童年生活中的另一个"危险角落"是会见陌生人、熟人或家人的朋友。与这些人接触会引发错误的原因是这些人并不是真的关心儿童。他们喜欢逗儿童开心,想在最短的时间内讨得儿童的欢心。他们会极力称赞儿童,这样会让儿童产生自负情绪。他们会在与儿童相处的短暂时间内宠坏儿童,这会为儿童的固定教育者制造一些麻烦。因此,这是需要避免的。陌生人不应该干涉父母的教育方式。

此外,陌生人经常会弄混儿童的性别,会把男孩说成"漂亮的女孩",反之亦然。这也是需要避免的,对于避免的理由,我们将在关于青少年的章节中探讨。

家庭的总体环境非常重要,因为这可以向儿童表明家庭在社会生活中的参与程度。换句话说,这给了儿童关于合作的第一印象。而在离群的家庭中长大的儿童会在家庭成员和外部人员之间划出清晰的界限。他们会感觉他们的家庭和外部世界之间似乎存在一个鸿沟,并对外部世界持有敌对态度。离群的家庭生活不会促进社会关系,反而会让儿童始终保持怀疑态度,并从自己的利益出发看待世界。这最终会阻碍儿童社会意识的发展。

三岁的儿童应该准备好与其他儿童一起参加游戏,且不应该惧怕陌生人。否则，这个儿童在之后与他人交往时会变得局促不安，对自己的举动非常敏感，并会对他人产生敌对态度。一般来说，这种特质常见于被溺爱的儿童中。这些儿童总是想"排斥"他人。

如果父母能够及早对此类特征进行纠正，儿童在以后的生活中可以省掉很多麻烦。如果一个儿童在三四岁之前得到良好的养育，即如果他受过与他人一起玩耍、协作的相关教导，他将不会害羞和自负，还可以避免可能的神经症甚至精神错乱。精神错乱和神经病只发生在独处的儿童中，这类儿童不关心其他人，且没有正确的合作精神。

在讨论家庭环境的同时，我们还要考虑经济环境变化带来的问题。如果一个家庭曾经，特别是在儿童很小的时候很富有，但之后却出现经济问题，情况会变得比较棘手。这种情况对饱受宠爱的儿童来说是最难以应付的，因为他并未做好准备，无法接受他不能像之前一样获得很多关注的情形。他会怀念之前的生活，并对当前的情况感到不满。

如果一个家庭突然变得富有，儿童的抚养也会出现问题。在这种情况下，父母并没有合理利用财富的准备，特别容易在儿童抚养方面犯错误。他们想给孩子们一段美好的时光，想要纵容和宠爱孩子，因为他们认为他们现在不需要施加任何限制。因此，我们经常在新富家庭中发现问题儿童。一个新富家庭中的男孩就是一个典型的事例。

如果对儿童进行适当的合作培养，此类困难，甚至是不良

第十一章 外部影响

后果都是可以避免的。对于上述所有这些情况，儿童可以通过必要的合作训练可以摆脱影响，因此，我们必须特别关注这个问题。

儿童不仅受到环境变化（例如，贫穷和突然富有）的影响，他们还会受到异常心理气氛环境的影响。因此我们需要考虑家庭情况产生的心理偏见。这些偏见可能源于个人行为，例如，如果父亲或母亲做过一些从社会层面上说不合适的事情，那么儿童的思想就会受到很大影响。儿童在面对未来时会显得诚惶诚恐。他会想要对自己的同伴隐藏自己，并且害怕被发现是这样一个父母的孩子。

父母不仅要负责教导儿童阅读、写作和算术，还要负责为儿童建立适当的心理发展基础，以确保他不会比其他儿童面临更大的困难。因此，如果父亲是酒鬼，或者父亲的脾气暴躁，他必须记住这一切都会影响到孩子。如果父母的婚姻是不幸的，例如，丈夫和妻子经常吵架，儿童也会受到不良影响。

这些童年经历就像刻在儿童灵魂中的铭文，他们不会轻易地忘记这些经历。当然，如果儿童接受过合作教育，他可以避免这些影响。但儿童遇到的这些情况恰恰会使他不能获得父母给予的此类教育。这就是为什么近年来兴起这样一个潮流：在学校设立儿童辅导诊所来指导儿童。如果父母出于某种原因无法完成任务，这项工作可以由接受心理培训的老师接管，这位老师可以引导儿童过上健康的生活。

除了由个人环境引起的偏见之外，还有因国际、种族和宗

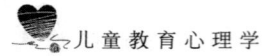

教引起的偏见。我们常常会发现这种偏见不仅会影响被羞辱的儿童，还会影响羞辱他人的好斗儿童。这些好斗儿童会变得狂妄自大；他们认为他们是享有特权的群体，但当他们试图享受他们为自己创建的特权时，他们最终会失败。

国家和种族之间的偏见正是发生战争的根本原因，如果要促进人类文明进步，就必须消除人类社会中的这个巨大祸害。老师的任务是展示战争的真实一面，而不是为儿童提供一个轻松而廉价的机会，让他们通过玩枪和剑来表达他对优越感的渴望。这不是文明生活方式的适当准备。有很多男孩选择参军的原因就是其童年接受的军事教育；但是，除了那些儿童之外，还有很多儿童因童年时期的战斗游戏而在之后的生活中出现心理残疾，这些儿童差不多是选择参军的男孩的一百倍。他们总是像战士一样生活，认为自己负有艰巨的任务，而且一直学不会与同伴相处的艺术。

此外，在圣诞节和需要送玩具的其他节日，父母应特别注意他人送给儿童的玩具和游戏的类型。他们应该确保儿童不会接触武器玩具和战争游戏，以及所有崇尚战争英雄和战斗行为的书籍。

至于合适玩具的选择，可以说有很多玩具可以选择，但我们原则上应该选择能启发孩子的合作精神和创新精神的玩具类型。而且，需要儿童自己动手和构建东西的游戏比现成的或成品玩具（只需要儿童抚弄一个洋娃娃或仿真狗等）更有价值。顺便提一下，人们应教导儿童将动物视为人类的同伴，而不是一个玩具或游戏。人们应该教导儿童不要害怕动物，也不应该任意使唤或虐待动物。如果儿童虐待动物，人们可能会怀疑这个儿童有主导和欺负弱者的欲望。如果家里有动物（鸟、狗和猫），父母应该教孩子们将它们看作是与人类一样有感情且会感到痛苦的生物。与动物保持适当的友谊可以被视为与人类进行社会合作的准备阶段。

儿童的成长环境中总会有亲戚的身影存在。首先是祖父母，我们必须以客观的方式考虑他们的困境和现状。在我们的文化中，祖父母的处境有些悲哀。随着年龄的增长，人们理应不断开拓自己，应该有更多的日常活动和兴趣。但在我们的社会中，情况恰恰相反。老人感觉自己被抛弃，可以说，被贬到一个角落去了。遗憾的是，如果这些人有更多的工作和奋斗机会，他们可以取得更多成就并且可以更加快乐。因此，人们绝不应该建议60岁、70岁甚至80岁的人退休。与改变一个人的整个生活方式相比，继续从事自己的工作要容易得多。但由于错误的社会习俗，我们把那些仍然充满活力的老人束之高阁。我们没有给他们继续表现自我的机会。结果会是什么呢？我们对祖父母所犯的错误殃及到了儿童。祖父母总是想要证明他们仍然具有活力，且在社会中具有重要作用（他们其实是不需要证明的）。为了证明这一点，他们总是干扰孙子孙女的教育。他们对孩子们关怀备至，宠爱有加。他们试图证明他们仍然知道如何抚养孩子，这是一种非常有害的方式。

我们应该避免伤害这些善良的老人的感情。但是，虽然他们应该有机会进行更多的活动，我们应该让他们明白儿童应该成长为独立的人，而不是其他人的宠物；他们不应该因为家庭政治的紧急情况来利用儿童。如果老人与父母发生争吵，无论他们在争论中是赢还是输，他们都不能争取儿童站在他们一边。

在对心理疾病患者的生平进行研究时，我们常常发现那些他们都是祖母或祖父最疼爱的孩子！我们马上可以明白这妨碍了他们儿时的成长。祖父母的偏爱意味着纵容，或者意味着在提起其他儿童时引起敌意和嫉妒。许多儿童会对他们自己说"我是祖父最喜爱的孩子"，并会在发现他们不是其他人最喜爱的孩子时受伤。

除了祖父母之外，可对儿童造成重要影响的其他亲戚还包括"杰出的表（堂）兄弟姐妹"。他们可能会被儿童视为最讨厌的人。他们有时不仅表现优异，而且还非常美丽。我们发现时刻提醒一个儿童他有一个杰出或漂亮的表（堂）兄弟姐妹会给这个儿童带来很多困扰。如果这个儿童非常勇敢且有社会意识，他会明白表现好只不过意味着得到了较好的教育和准备，而且，他会寻找一种方法来超越这位杰出的表（堂）兄弟姐妹。但如果正如大多数情况那样，他相信那种优秀是天生的，即有些人天生就是杰出的，他就会感到自卑，认为受到命运的不公平对待。在这种情况下，他的整个发展就会受到阻碍。我们也可以在儿童的生活风格中发现与美丽（这是大自然的礼物，但在我们的文明中经常被赋予极高的价值）相关的错误，如果儿童因为想到有一个漂亮的表（堂）兄弟姐妹而感到难过，他的生活风格就会出现错误。即使在二十年后，人们仍然可以记得到童年时期对一个漂亮的表（堂）兄弟姐妹的羡慕。

　　为了消除对美的狂热崇拜所带来的恶果，我们应该做的就是帮助儿童认识到健康和与同伴相处的能力比美丽更重要。不可否认的是，美丽是有价值的，而且，人们更向往拥有漂亮的外表。但在任何理性的事物规划中，任何一个价值都不能与其他价值分离开来，且不能被视为最高目标。美丽亦是如此。美丽并不足以实现理想、美好的生活，正如我们可以在犯罪分子中发现一些非常英俊的男孩和一些非常丑陋的人。我们可以理解这些英俊男孩是如何成为罪犯的。他们知道他们非常英俊，认为一切都会按照他们的意愿发展。因此，他们没有获得适当的生活准备。然而，他们后来发现他们不努力就无法解决他们的问题，并因此走上了阻力最小的道路。正如诗人维吉尔（Virgil）所说的，"堕入地狱是很容易的"。

　　我们在这里还需要探讨一下儿童的阅读问题。应该给儿童看哪一类的书籍？我们应该如何对待童话故事？如何向儿童讲解《圣经》之类的书籍呢？需要注意的是，我们通常忽略了一个事实，即儿童理解事物的方式与成年人完全不同，而且每个儿童都会按照自己的特定兴趣来理解事物。如果他是一个胆小的孩子，他会在圣经和童话故事中找到认同胆怯和害怕危险的故事。因此，人们需要对童话故事和圣经内容进行评论和解释，以便儿童能够理解其中的真正含义，而不是他们主观想象

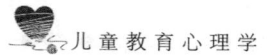

的意思。

童话故事是儿童喜爱的读物,即使是成年人也可以从童话故事中获益。但对于童话故事,有一点是需要纠正的,即特定时间和地点与现在的差异。儿童一般无法了解不同时代与文化之间的差异。儿童阅读的是基于不同时代背景的童话故事,但他们不会考虑到观念上的差异。童话故事中一般都有一个王子,王子总会受到赞美和美化,他的整个人物形象是非常吸引人的。但童话故事所描述的情景是不存在的,这代表了文学上的美化和理想化,这在膜拜君主的时代是适宜的做法。人们应该告诉儿童这些事情。人们应该告知儿童魔法背后的虚幻,否则,儿童会逐渐形成寻找一种简单方法的习惯。例如,当一个十二岁的男孩当被问到他想成为什么时,他说"我想成为一名魔术师"。

通过对童话故事进行适当评价,人们可以利用童话故事向儿童灌输合作意识,并开阔他们的眼界。至于动画电影,带一岁的孩子去看电影可以说是没有危险的,但年龄稍大的儿童容易误解这些电影的含义。甚至是童话电影也常常会被误解。例如,一个四岁的儿童在剧院观看了一出童话剧,多年后,他仍然认为世界上有女性在贩售有毒的苹果。许多孩子不能正确地理解电影主题,或者会做出笼统的概括。父母应该向儿童做出正确的解释,让他们正确理解电影的主题。

除此之外,报纸也是儿童不能接触的一种外部影响。报纸是为成年人编写的,其中并没有适于儿童阅读的观点。某些地方发行有儿童报纸，这是好事情。但那些普通的报纸会向那些毫无准备的儿童展示扭曲的生活画面。儿童会因此相信我们的整个生活充满了谋杀、犯罪和事故。而且，事故报告尤其会令年幼的儿童感到压抑。我们可以从一些成年人的言论中发现他们在童年时期非常害怕火灾，而且这种恐惧一直影响着他们的思想。

这些例子仅代表了父母和教育工作者在儿童教育中必须考虑的一部分外部影响。不过，这些都是最重要的外部影响，揭示了一般原则。个体心理学家多次强调"社会情感"和"勇气"，这在这个问题和其他问题中都适用。

第十二章

青春期与性教育

关于青春期的书籍遍布各个图书馆。青春期确实是一个重要的话题，但其重要性和大众所认为的重要性不同。青少年并非都是一样的：这时期的儿童各不相同，包括努力的、笨拙的、衣着整洁的、衣着肮脏的等。此外，我们还发现有些成年人，甚至老人的思想和行为与青春期的孩子相似。从个体心理学的角度来看，这并不奇怪，这意味着这些成年人的心理停留在了特定发展阶段。事实上，个体心理学认为，青春期只是所有个体必须经过的一个发展阶段。我们不相信任何发展阶段或任何情况会改变一个人。但这作为一种新处境，确实可以成为一种考验，使过去形成的性格特征显露出来。

例如，一个儿童在童年时期受到严格的管教，他从未体会到自己的力量，也不曾表达自己的需求；在生理和心理得到迅速发展的青春期，这个儿童就会表现得像是失去了枷锁一样。他会快速向前发展，他的人格也稳步发展。但会有一些儿童开始停止发展，依恋过去，且会因为留恋过去而无法在现在找到正确的方法。他们开始对生活不感兴趣，变得内向。这种情况并不是表明在童年时期受到抑制的能量在青春期得以释放，而是表明备受宠爱的儿童没有对生活做好准备。

与之前的发展阶段相比，我们可以在青春期更好地了解一个人的生活风格。这是因为青春期比童年时期更接近生活。在青春期,我们可以更好地判断青少年如何对待科学;我们可以看出他是否对人友好;我们可以看出他是否对他人感兴趣。

不过,这种社会兴趣有时非但不缺乏,还会呈现出过分的表达。有些青春期的孩子失去平衡感、只想为他人牺牲自己。他们对社会做出过度调解,这也会妨碍他们的成长。我们知道,如果一个人真心对他人感兴趣,并真心想为共同事业而努力,他必须先照顾好自己。如果给予是有意义的,他必须有可以给予的东西。

但许多十四岁到二十岁的青少年完全不适应社会。他们在十四岁时离开学校,因此与所有老朋友失去联系;他们还需要很长时间才能建立新的关系。他们在这段时间会产生被完全孤立的感觉。

除此之外,我们还需要考虑职业问题。在这个方面,青春期依然是最容易揭露个人生活风格的阶段。这个发展阶段可以揭示生活风格决定的职业态度。我们会发现一些年轻人变得非常独立并且工作特别出色。这表明他们正处于正确的发展道路上。但有些人会在这一时期停止不前,他们找不到适合自己的职业,会一直改变职业或学校,或者无所事事、根本不想工作。

所有这些症状都不是在青春期产生的,它们只是这一时期被更清晰地呈现出来,这些症状在之前就已经形成了。而且,如果一个人真的了解一个儿童,他可以预测在有机会更独立地表达自己，且不再受到监视、保护和限制的青春期，这个儿童的行为方式。

现在我们将谈谈生活的第三个基本问题，即爱情与婚姻。青少年对这个问题的回答会揭示哪些人格呢？我们需要再次强调，青春期与之前的发展阶段并没有断裂，只是某些心理活动在这一阶段被突出表现出来，使得答案比以前更清晰。我们会发现一些青少年对他们应该如何行事非常确定。他们在爱情方面要么是浪漫的，要么是非常勇敢的。但无论是哪种情况，他们都会形成对待异性的一套正确行为规范。

但有一些青春期的孩子恰恰相反，他们对性问题非常害羞。在更接近生活的青春期，他们显示出了缺乏准备的问题。我们可以根据青春期表现出的种种人格迹象更可靠地判断之后的生活行为，并由此知道我们如果想改变未来必须做些什么。

如果一个青春期的孩子在面对异性时表现出非常消极的态度，我们在追溯其之前的生活后会发现他可能是一个与周围环境抗争的儿童。或许其他儿童更受欢迎的事实让他感到沮丧。结果就是他认为他必须非常努力地前进，他必须摆出傲慢的派头，决绝一些诉诸情感的行为。因此，青少年对性的态度反映了他的童年经历。

我们经常会发现青春期的孩子会有离开家的愿望。这可能是因为这类儿童对家庭状况并不满意，现在非常渴望打破家庭束缚的首个机会。虽然继续提供帮助对儿童和家长都有好处，但他不想再获得帮助。但如果孩子遇到问题，缺乏父母帮助就

第十二章 青春期与性教育

会成为他最终失败的托词。

我们也会在那些仍然留在家里，但抓住每一个可能的机会留在外面过夜的儿童身上发现类似趋势（程度较轻）。的确，晚上出去寻求乐趣比安静地留在家中更具吸引力。不过，这也是对家庭的一种隐含指责，也是表明儿童在家里没有感到自由、总会受到监护和看管的一个迹象。也正是因为如此，这个儿童从来没有机会表达自己并发现自己的错误。青春期是儿童开始朝着这个方向发展的危险时刻。

在青春期，许多儿童会比以前更加敏锐地感觉到自己失去了他人的欣赏。他们之前在学校或许是好学生，受到老师的高度赞赏。之后，他们突然转到一所新学校、进入一个新的社会环境或开始一个新的职业。正如我们经常发现的，学校里表现最好的学生在青春期并不总是表现得很好，他们似乎经历了一种变化。但他们实际上并没有改变，只是过去的情况并没有使他们真正的性格显现出来。

由此可见，预防青春期烦恼的一个最好措施就是培养友谊。儿童相互间应该成为最好的朋友和同伴。这同样适用于家庭成员以及家庭以外的人。一个家庭应该是一个整体，家庭中每个人都应该彼此信任。儿童应该相信他的父母和老师。事实上，在青春期，只有一直与儿童保持着贴心的同伴关系的父母和老师才能继续指导这个儿童。而其他家长或老师会被这一时期的儿童拒之门外；儿童不会对这些家长或老师有任何信心，并会将他们视为完全的局外人，甚至是敌人。

有些青春期的女孩会表现出对女性角色的厌恶，并会试图模仿男孩。当然，她们并没有模仿男孩努力工作的优点，而是模仿男孩的青春期恶习，比如吸烟、喝酒和加入帮派。此外，这些女孩还会托词说如果她们不模仿此类恶习，男孩就不会对她们感兴趣。

通过对青春期女孩的男性钦羡进行分析，我们可以发现这些女孩从童年早期开始就不喜欢女性角色。然而，她的厌恶一直被很好地掩盖了起来，直到青春期才显露出来。这就是需要观察这个阶段女孩的行为的原因，因为我们可以发现她对未来性别角色的态度。

这个年龄段的男孩喜欢扮演相当有见识、非常勇敢和自信的男人形象。但还有一些儿童会害怕面对他们遇到的问题，并且不相信自己会成为真正、完整的男人。如果他们的男性角色教育中存在任何缺陷，这个缺陷在这个时期会显现出来。他们会表现出女性化的一面，会像女孩一样行事，甚至会模仿女孩的恶习，包括嗲声嗲气、忸怩作态等。

除了男孩的这种女性极端之外，我们还会发现有些男孩具有典型男孩特征，这种特征会发展成为另一种恶习。他们会沉迷于饮酒和性放纵。他们甚至有时会为了炫耀自己的男子气概而开始犯罪。人们通常可以在想要变得出众、希望成为领导者并想让同伴大吃一惊的男孩中发现这样的恶习。

然而，除了故作勇敢和雄心之外，人们通常还可以在这类儿童中发现隐蔽的懦弱特征。我们最近在美国发现了一些臭名

第十二章 青春期与性教育

昭著的例子，诸如希克曼（Hickman）、利奥波德（Leopold）和洛布（Loeb）。我们通过对他们的生平进行研究可以发现，他们只为轻松的生活做好准备，且一直希望轻松地获得成功。这类人是活跃的，但缺乏勇气（这正是会导致犯罪的情况）。

我们经常发现青春期的儿童会开始殴打他的父母。不了解行为背后隐藏的整体性因素的人可能会认为这些儿童突然发生了改变。但是，如果我们对以前的事情进行研究，我们会发现个体的性格并没有发生改变，而个体开始殴打父母只是因为他现在拥有更多的力量和更多的行动可能性。

需要考虑的另一个问题是，青春期的每个儿童都感觉他自己正面临着一个考验，他们认为自己必须证明自己不再是孩子。这当然是一种非常危险的感觉，因为每当我们感觉我们必须证明某些事情时，我们可能会做得过火。青春期的孩子就是这种情况。

这是青春期的最显著症状。而解决这个问题的方法是向青少年解释说他不需要向他人证明他不再是孩子；我们不需要这些证据。我们可以通过向青少年提供这些解释来避免他们做出上述的夸张行为。

此外，我们经常会发现一类倾向于夸大性关系、变成"男孩疯"的女孩。这些女孩经常会与她们的母亲发生争吵，并且总是认为自己受到了压迫（或者她们真的受到压迫）；她们会与她们遇到的男人发生关系，以惹恼她们的母亲。而且，在得知她们的母亲因此而痛苦时，她们会感到非常高兴。很多青春期女孩会在与母亲发生争吵而离家后，或因为父亲过于严厉而与男人发生第一次性关系。

具有讽刺意味的是，父母压制女孩的目的是希望她们成为优秀的女孩，但由于他们缺乏心理洞察力，女孩最终却表现得不好。这不是女孩的过错，而是父母的过错，因为他们没有帮助女孩为她们必然遇到的情况做好准备。在青春期到来之前，他们为女孩提供了过多的庇护，最终导致她们未能建立在面对青春期的诱惑时所需的判断和自立能力。

有时，这些问题不会在青春期出现，而是在青春期之后出现，例如，在婚姻中。不过，导致这些问题出现的基本原因是相同的。简单地说，这些女孩只是侥幸在青春期没有遇到这些不利情况。但这些考验是迟早会出现的，因此，女孩必须为这些情况做好应对准备。

我们可以通过一个案例来具体说明青春期女孩的问题。这个案例中的女孩十五岁，出生在一个非常贫穷的家庭。她有一个长期患病的哥哥，一直需要母亲的照顾。女孩在很小的时候就意识到了父母对她的关注有别于她的哥哥。而让事情变得更加复杂的是，在她出生时，她的父亲也生病了，她的母亲必须照顾她的父亲和哥哥。这个女孩目睹了得到别人关心和照顾的两个活生生的例子，这促使她渴望得到他人的关心和欣赏。但她无法在家里获得欣赏，尤其是她的妹妹在不久之后出生了，她拥有的少量关注也被剥夺了。凑巧的是，在她的妹妹出生后，她父亲逐渐好转起来，她的妹妹因此得到了更多的关

第十二章 青春期与性教育

注,远超过她在婴儿时期得到的关注。这些事情逃不过孩子的眼睛。

为了弥补她在家中无法得到的关注,这个女孩在学校努力学习,成为班上最好的学生。而因为她学习优秀,众人都希望她继续完成中学的学业。但在她进入高中后,事情发生了变化。她的学习成绩不再优异,原因是她的新老师不认识她,也不欣赏她。她渴望得到欣赏,但她在家里和学校都没有得到她所需的欣赏,她不得不转而从其他地方得到她所需的欣赏。因此,她转而去寻找一个会欣赏她的男人。她与那个男人同居了两个星期。之后,那个男人厌倦了她。之后的事情是可以预测得到的:她会意识到这不是她想要的欣赏。与此同时,她的家人开始担心她,并开始寻找她。突然,他们收到了她的一封信,她在信中说:"我服用了毒药。别为我担心,我很幸福。"在未能如愿获得她想要的幸福和欣赏之后,自杀显然是她的下一个想法。但是,她并没有自杀,她只是利用自杀来恐吓她的父母,以获得他们的原谅。她在街上四处游荡,直到她的母亲找到她并将她带回家。

如果这个女孩像我们一样明了对欣赏的渴求主宰着她的整个生活,所有这一切就不会发生了。同样,如果高中的老师意识到这女孩的学习成绩一直很优异,而她需要的只是一定的欣赏,这个悲剧就不会发生。如果在这一连串情况中的任意一点上,人们可以正确对待这个女孩,这个女孩就不会误入歧途。

这个案例引出了性教育问题。最近,性教育话题被过分夸大了。许多人在性教育问题上可以说是不理智的。他们希望对任何年龄段的儿童进行性教育，并且夸大了对两性的无知可能带来的危险。但在回顾我们和他人的童年时期后，我们并没有发现他们想象中的巨大困难和危险。

根据个体心理学的经验可知，儿童在两岁时应该明了自己的性别，人们应该向儿童解释说明他的性别永远不会改变，男孩长大后会成为男人，女孩长大后会成为女人。只要做到这一点，其他知识的缺乏也就不会那么危险了。如果家长让儿童清楚地知道一个女孩不能被作为男孩教育，男孩也不能被作为女孩教育，那这个儿童会在心中明确自己的性别角色，并会以正常的方式发展和准备自己的角色。但如果儿童相信可以通过某种技巧来改变他的性别，一系列问题就会产生。此外，如果父母总是表示希望改变孩子的性别，一系列问题也会产生。《寂寞之井》一书中就包含这一情况的绝妙文学描述。父母经常喜欢将一个女孩作为男孩教育，或将男孩作为女孩教育。他们会给孩子穿上异性的服装，并为他们拍照。有时还会发生一个女孩看起来像个男孩，然后周围的人开始用错误的性别来称呼这个孩子的事情。这些行为可能会引起很大的混乱，家长应该避免这种情况出现。

此外，还应该避免任何倾向于低估女性，并认为男孩优越的性别讨论。人们应该让儿童明白两性是平等的。这不仅仅是为了防止女生因被低估而产生自卑情结，还为了防止对男孩子产生不良影响。如果男孩没有被灌输性别优越思想，他们就不

第十二章 青春期与性教育

会把女孩仅仅视为泄欲的对象。而且，如果他们知道未来的任务，他们也不会以丑陋的眼光看待两性关系。

换句话说，真正的性教育问题不仅仅是向儿童解释两性关系的生理学事情，这还涉及培养和端正儿童对爱情和婚姻的整个态度。这与社会适应问题密切相关。如果一个人无法适应社会，他就会对性问题采取玩世不恭的态度，并从自我的利益出发来看待事物。这种情况是经常发生的，反映了我们文化中的缺陷。而且，女性会成为受害者，因为在我们的文化中，男性更容易发挥主导作用。不过，男性也会承受一些伤害，因为由于他获得一种虚假的优越感，他无法接触、感受到内在价值。

至于开展性教育的时机，我们认为没有必要在很早的时候就对儿童进行此类教育。人们可以等到孩子对性问题感到好奇，等到儿童想要弄清楚某些事情时再对儿童进行性教育。关心儿童的父母也会知道如果儿童羞于提出相关问题，自己何时带头提起这个问题才恰当。如果儿童觉得他的父亲和母亲是他的同伴，他就会提出问题，而父母则必须以适合他理解的方式给出答案。人们必须避免给出刺激性的回答。

另一方面，人们不必因为明显过早的性本能表现感到惊慌。性发展的开始时间很早，实际上，性发展在生命的最初几周就开始了。完全可以肯定的是，婴儿会感受到性快感，并且有时会试图人为地刺激身体的性感区。因此，如果我们发现了这些令人不安的举动，我们无须感到害怕，但我们应该尽力制止这些行为，且应表现得不是特别重视这个问题。如果儿童发现我们对这些问题感到担忧，他会为了引起我们的关注而故意继续进行这些行为。他的这些行为会让我们认为他是性欲的受害者，但他们只是将一种习惯作为炫耀的工具。一般来说，小孩子之所以试图通过把玩生殖器官来获得关注的原因是他们知道他们的父母害怕这种做法。这与儿童假装生病时的心理大致相同，因为他们注意到在他们生病时，他们会得到更多的宠爱和关注。

人们应避免过多的亲吻和拥抱儿童，以免对儿童造成身体刺激。因为对于儿童来说，特别是在青春期时，这会造成严重的影响。此外，人们应该保护儿童不会接触性话题。以免受到精神刺激。不过，孩子在父亲的图书中发现一些轻佻照片的情况时常发生。我们在心理诊所中也经常遇到这类案例。人们不应该让儿童接触到超出其年龄范围的性话题书籍，也不应该带儿童观看有关性主题的电影节目。

如果所有这些过早刺激都被成功避免，父母就无须担心。人们需要做的就是在恰当的时候给出几句简单的解释，解答问题的方式要真实、简单，不要招惹孩子的反感。最重要的是，人们绝不能对儿童撒谎，因为我们需要保持儿童的信任。如果儿童信任父母，他就会相信父母的解释，那么他从同伴那里听到的解释就会打折扣（大约有百分之九十的人是从同伴那里获得性知识的）。与人们认为可以解决当前情况的各种托词相比，信任与合作更加重要。

那些有太多性体验或过早获得性体验的儿童通常会在之后

的生活中回避性问题。这就是最好避免让儿童看到父母的性生活的原因。如果可能的话，儿童不应该和父母在同一个房间休息，当然更不能在同一张床上休息。此外，姐妹和兄弟不应该住在同一个房间。此外，父母必须密切关注孩子的行为举止是否适宜，同时也要注意外界的影响。

　　上述的议论概括了性教育问题中的几个要点。我们在这里了解到，与所有其他教育阶段一样，性教育的关键是在家庭内部建立合作意识和友好关系。在具备了这种合作意识，以及对性别角色和男女平等的早期了解后，儿童可以做好充分的准备来应对他日后可能遇到的任何危险。起码他可以做好充分的准备，以健康的方式迎接自己的工作。

教学法错误

在教育儿童的过程中，父母或老师绝不能因为一些事情而感到灰心丧气。家长或老师绝不能因为他的努力不能立即取得成功而变得气馁；不能因为儿童表现得无精打采、麻木或极端被动而认为儿童注定会失败；也绝不能受到儿童天赋这一盲目观点的影响。个体心理学强调应为所有儿童提供帮助，帮助儿童增加勇气，并树立对自己的信心；教导他们将困难视为要遇到和克服的问题，而不是视为不可逾越的障碍，以促进他们的心理发展。这些努力不可能一直获得成功，但最终取得成果的案例远多于没有产生惊人成果的案例。以下是我们的努力下最终成功的一个案例：

案例中的男孩十二岁，正在读小学六年级。这个男孩的学习成绩比较差，但他却对此持有无所谓的态度。这个男孩有一段非常不幸的经历：受佝偻病的影响，他在大约三岁时才能走路，且在快满四岁时才能说几句话。在四岁时，他的母亲带他看了一位儿童心理医生，这位儿童心理医生表示这个男孩没有好转的希望。但他的母亲并不相信这位医生的结论，并把他送去了一家儿童指导机构，但这个男孩在那里发展缓慢，那个机构没有提供太多的帮助。在六岁时，这个男孩被送到学校学习。在入学后的前两年，这个男孩在家里接受了额外的辅导，

第十三章 教学法错误

因此顺利地通过了学校的考试。他还勉强完成了三年级和四年级的课程。

这个男孩在学校和家里的情况如下：这个男孩在学校表现得极为懒散。他抱怨说他似乎无法集中注意力且不能专心听讲。他与同学相处得不好，经常受到同学的戏弄，且总是表现得比其他人弱小。在他的所有同学中，他只有一个非常喜欢的朋友，且只与这一位朋友一起去散步。他认为其他同学很难相处，且无法与他们进行交流。他的老师反馈说这个男孩的算术成绩较差，写作也不行；不过，男孩的老师确信这个男孩能够像其他儿童一样完成学习任务。

考虑到这个男孩的既往病史以及他如今已经能够做到的事情，我们可以得出这样一个结论，即这个男孩接受的治疗很明显是基于错误的诊断做出的。这个男孩有着强烈的自卑感，即自卑情结。这个男孩有一个经常受到称赞的哥哥。他的父母夸口说这个哥哥没有努力学习也考上了中学。父母喜欢说他们的孩子不需要努力学习也能取得好成绩，儿童自己也喜欢吹嘘这些。但在没有学习的情况下学到知识明显是不可能的。这位哥哥或许在课堂上专心听讲，将他在课堂上听到和看到的内容一一记在心里。而在学校没有集中注意力学习的儿童就必须在家里学习。

这两个男孩之间存在很大的反差！这个男孩一直生活在压抑的感觉中，认为自己的能力不如他的哥哥，他的个人价值明显低于他哥哥。这可能是因为他的母亲在生气时经常会对他说这些话，抑或是经常喊他傻瓜或白痴的哥哥会经常对他说这些话。他的母亲告诉我们，当这个男孩不服从哥哥的命令时，这个哥哥经常会踢这个男孩。我们由此可以得出这样一个结论：这个儿童认为自己的价值远低于他人。生活似乎也印证了他的想法。他的同学们嘲笑他；他的学校作业总是出错；他说他无法集中注意力。每一个困难都让他感到害怕。此外，他的老师有时会评论说这个男孩不适应那个班级或那所学校。毫无疑问，这个男孩最终相信他现在所处的情况是无可避免的，并且确信其他人对他的看法是正确的。如果儿童感到沮丧、对未来没有信心，情况是非常糟糕的。

很明显，这个男孩已经失去了自信。我们之所以得出这个结论不是因为当我们开始以愉快的方式与他聊天时，他开始颤抖，脸色也变得苍白，而是因为一个应该被注意到的小细节，即当我们询问他的年龄（我们知道他十二岁）时，他回答说十一岁。我们不应该把这个答案视为意外错误，因为大多数儿童可以确切地知道他们的年龄。我们证实过这类错误都有潜在的原因。综合考虑这个儿童的经历，以及他的回答后，我们得到这样一个结论，即他试图回到过去。他想回到过去，回到他比现在更小、更弱、更需要帮助的时候。

我们可以根据我们掌握的事实重新构建他的人格系统。这个男孩并没有试图通过完成这个年龄段的儿童需要完成的任务来寻求对自己的肯定；相反，他相信并表现出他并没有像其他儿童一样得到充分发展、无法与其他儿童竞争的迹象。这种自

第十三章 教学法错误

己落后于他人的感觉状态表现为他对年龄的谎报。因此,他会回答"十一岁",并在某些情况下表现得像个五岁的儿童。他非常确信自己不如别人,因此试图将他的所有活动调整到他认定的落后状态。

这个男孩在白天的时候仍然会尿裤子,且无法控制自己的排便。这些症状会在儿童认为或想要认为他们仍然是婴儿时出现。因此,这些症状证实了我们的论断,即这个男孩想要固守过去,想要在可能的时候回到过去。

在这个男孩出生之前,他的家里就请了一位家庭教师。这位家庭教师非常喜欢这个男孩,会在需要的时候替代男孩母亲的角色,作为这个男孩的支柱。对此,我们可以得出进一步的结论。我们已经知道这个男孩的生活方式,我们知道他不喜欢早起。根据他们对这个男孩起床所需的时间进行的说明,我们发现了一个表明他不喜欢学校的迹象。我们得出这样一个结论,即这个男孩不喜欢上学。一个与同学相处并不友好,总觉得自己受到压抑,不相信自己有能力完成任何事情的男孩是不可能喜欢上学的。因此,这个男孩不喜欢按时起床上学。

然而,这个男孩的家庭教师说他喜欢上学。确切地说,在最近,当这个男孩生病时,他请求她能够允许他去上学。但这与我们所说的一点也不矛盾。我们需要回答的问题是"这位家庭教师为何会判断错误?"其实,情况非常明显而又有趣。在这个男孩生病时,他之所以会说他想去上学是因为他非常肯定他的家庭教师会回答"你生病了,所以不能去上学"。然而,他的家人并不理解这些表面矛盾，因此不知道该如何对待这个男孩。此外，我们还发现男孩的家人无法理解这个男孩心中的实际想法。

这个男孩还存在其他问题，这个问题正是这个男孩被带到我们这里的直接原因。他偷拿了家庭教师的钱去买糖果。这也意味着他仍然像个小孩子一样行事。为买糖果而偷钱是非常幼稚的行为。在无法控制自己对糖果的贪婪时，一些很小的儿童就会采取这种方式；他们是无法控制自己身体机能的儿童。因此，这个男孩这样做的心理意义是："你必须看着我，否则我就会做出一些顽皮的事情。"由于对自己没有信心，这个男孩经常试图安排一些会让别人为他忙碌的情况。当我们对他在家里和学校的情况进行比较时，我们发现了非常明显的联系。在家里，他可以得到他人的关注；而在学校，他却无法做到。那么，谁应该尝试做些什么来纠正孩子的行为呢？

直到这个男孩被带到我们这里的时候，他一直被认为是一个智力发育较迟、能力低于他人的儿童。但是，他不应该被划分到这一类别。他是一个完全正常的儿童，而且，在恢复了对自己的信心后，他可以像他的同学一样完成任务。这个男孩总是倾向于悲观地看待一切，且会在向前迈出一步之前就接受失败。他的每一个动作都表达了他对自己缺乏信心，而且，他的老师提供的评语也证实了这一点：不能集中注意力；记忆力较差；精神不集中；没有朋友等。他的沮丧表现得非常明显，而他的周围环境对他也不利，以至于很难改变他的观点。

第十三章　教学法错误

在填写个体心理调查问卷后，我们开始了咨询讨论。我们不仅与这个男孩交谈，还与其他人进行了交谈。首先是这个男孩的母亲，她早已经对他失望并放弃了他，只是试图让他继续学习，以便他最终能够找到某种工作。其次是这个男孩的哥哥，这个哥哥一直蔑视自己的弟弟。

对于"你长大以后想要做什么？"这个问题，这个男孩没有给予明确的回答。这是一个异常特征。当一个半大的儿童不知道自己长大之后想要做什么时，我们就需要提高警惕。虽然人们在成年后通常不会从事他们在童年时选择的专业，但最后的结果并不重要。他们至少有一个追求的理想。在童年早期，儿童会想要成为司机、巡夜人、售票员，或从他们孩子气的价值观来看有吸引力的其他职位。如果一个儿童没有实质目标，我们就需要怀疑他不想考虑未来，只想回到过去；或者换句话说，想要避免未来以及与之相关的所有问题。

这似乎与个体心理学中的基本观点相矛盾。我们之前一直强调儿童渴望优越感，并表明每个儿童都想要展现自己，变得比其他儿童更强大，取得优越感。但是，我们现在面对的是一个情况恰恰相反的儿童：一个想要倒退，想要变小，且想要获得他人支持的儿童。我们该如何解释这个情况？人类的心理活动并不简单。所有活动都有一个复杂的背景。如果我们轻易地对复杂的情况下结论，我们的判断就会出错。如果我们试图辩证地解释这种情形，换上一个相反的说法，例如，这个男孩想要倒退的原因是他可以通过这种方式达到一个最高、最安全的位置。这样的解释容易造成理解上的混乱，除非我们对儿童的情况有透彻的了解。事实上，从某种有趣的方面来说，这些儿童往过去发展是有一定道理的，因为在很小、虚弱、无助的时候，他们是最强大、最重要的，不需要面对过多要求。这个儿童对自己没有信心，害怕无法完成任何事情。那么，我们还可以假设他期待人们对他提出一定要求的未来吗？他肯定会避开对他的力量和能力进行衡量的每一种情况。因此，他的活动范围会受到很大限制，且主要局限于对他没有太多要求的活动中。由此可以看出，他追求的认可只是别人在他幼小、无助时给予的认可。

我们不仅与这个男孩的老师、母亲和哥哥进行了交谈，我们还与他的父亲和我们的同事进行了交谈。这一系列的交谈涉及很多工作，如果我们能够获得老师的支持，我们可以省去大量的工作。这不是不可能的，但并不简单。因为许多教师仍然坚守旧方法和信念，并将心理分析视为怪异的事情。他们中的许多人担心心理检测会导致他们丧失权力，或认为这是一种毫无根据的干扰。当然，情况并非如此。心理学不是一门一蹴而就的学科，而是需要加以研究和实践的。当然，如果有人从错误的观点看问题，这门学科几乎没有任何作用。

宽容也是一种必要的品质，这对于老师来说尤其如此。人们需要对新的心理思想持开放态度，即使它们似乎与我们目前的观点相矛盾。受当前条件的限制，我们没有理由断然反驳老师的观点。那么，处于这种困难条件下，我们应该怎么办？

根据我们的经验可知，在这种情况下，我们只能帮助孩子摆脱窘况，也就是说，将儿童从那所学校中转出来。这个做法不会伤害任何人。实际上，没有人知道发生了什么事，但是这个男孩肩上的重担消失了。他将进入一个完全陌生的新环境。在那里，他可以注意自己的言行，以免给他人留下不好的印象，也可以避免被他人看不起。这个计划的具体细节不便于解释。家庭情况与此有很大关系。而且每个案例所需的处理方法可能略有不同。如果大量的老师精通个体心理学时，这类儿童的治疗会变得更加简单，因为这些老师会理解这些儿童，并可以在学校为此类儿童提供帮助。

第十四章

对父母的指导

我们已经在前面多次提及这本书是写给家长和老师的，他们可以本书提及的关于儿童心理的一些新心理学观点中获益。其实，只要儿童接受适当的教育，儿童的教育和发展是主要由父母帮助还是由老师帮助并不重要。当然，我们此处所说的不是学校课程的教育，而是课外教育、人格的发展（这是最重要的教育组成部分）。虽然父母和老师都可以在儿童教育工作中发挥自己的作用（即父母纠正学校教育的不足，教师纠正家庭教育的不足），但在现代社会和经济条件下，在大部分城市中，教师需要承担大部分教育责任。鉴于与拥有专业儿童教育意见的教师相比，父母对新思想的接受能力较低，个体心理学认为未来儿童的培养主要在于学校和教师的转变，当然，父母的合作也是多多益善的。

在教育过程中，教师的观点会不可避免地与父母的观点发生冲突。特别是在教师的纠正工作在某种程度上预示着父母教育工作的失败时，冲突更加不可避免。因为从某种意义上说，这是对父母的指责，而且父母也经常会这样认为。在这种情况下，教师应该如何处理与父母的关系？

我们在接下来会详细说明这个问题。当然，我们是以教师的视角论述的，他们需要将与父母之间的矛盾视为心理问题处

第十四章 对父母的指导

理。家长在看到这段论述时请不要恼怒,我们无意冒犯,因为这些观点仅适用于那些为数不多、能力不足的家长。

许多老师都曾表示,问题儿童的父母往往比与问题儿童本人更加难以沟通。这一事实表明,教师在与问题儿童父母接触时需要使用一些技巧。教师在与父母沟通时必须牢记父母无须对孩子表现出的所有不良品质负责。父母毕竟不是熟练的教育工作者,他们通常只能依靠传统思想对儿童进行教育。而当他们因孩子的问题被请到学校时,他们会感觉自己像是遭到指控的罪犯。教师需要采用适当的技巧来处理这种情绪(表明他们心怀内疚)。因此,在这种情况下,教师最好应该尝试将父母的情绪转变为友好和放松的情绪,将自己定位为父母的助手,并表明需要他们的帮助。

教师绝不应该责备父母,即使他们认为有理由这么做。如果我们可以与父母合作,说服父母改变态度并采纳我们的方法,我们可以取得更多成就。仅仅向他们指出他们在过去所犯的错误是无用的,我们需要做的是试着让他们接受一个新做法。因为向他们指出他们在这方面或那方面做错了只会冒犯到他们,并使他们不愿意合作。通常情况下,儿童的落后不是凭空出现的;所有的落后都有一定的历史背景。父母是抱着他们一定在哪些方面疏忽了的想法来到学校的。但是,我们不能让他们感到我们也这样认为;教师不应该断然地或武断地与他们交谈。此外,教师绝不能以命令的方式向父母提出建议。教师在说话时应该使用"或许""可能""也许""您可以这样试试"。即使我们确切地知道错误在哪里以及如何纠正错误,我们也不应该直截了当地向父母指出,表现得像是在强迫他们一样。但并不是所有的教师都会使用这些技巧,而且,这也不是立即就可以学会的。有趣的是,本杰明·富兰克林(Benjamin Franklin)在他的自传中也表达了这样一个观点。他在自传中写道:

"一位贵格会的朋友曾好心地提醒我,人们认为我很骄傲,我经常在交谈中表现得非常傲慢;而且,在对任何问题进行讨论时,我总是认为自己是对的,非常霸道而又无礼。为此,他还列举了一些事例。因此,我下定决心要改正自己的这些恶习或其他愚蠢行为。并且,我将谦逊添加到我的目标清单中(这类的谦逊是广泛含义上的谦卑)。

"我不敢自夸我在谦逊方面取得了多大成就,但从表面上看,我已经形成了谦逊的品格。我养成了一个习惯,那就是不直接反对别人的观点,也不正面肯定自己的观点。我甚至根据君托社的旧则,禁止自己在交谈中使用带有确定意味的词语或短语,例如一定、毫无疑问等,并使用以下表达替代它们:我以为、依我看,或我以为一件事情是这样或那样的,或目前在我看来是这样的。在我认为他人表达的观点是错误的时,我不会突然反驳他的观点,并立即指出他的观点中的一些谬论;在对他的观点进行回复时,我会首先表示在某些情况下,他的观点是正确的,但在目前情况下,情况或许有些不同等。我很快就发现了表达方式改变的优点;我的谈话进行得更愉快。我

第十四章 对父母的指导

提出意见时的谦逊态度使他们更容易接受我的意见，减少了矛盾；当我的观点错误时，我的羞愧感减少了，而在我的观点正确时，我可以更容易地说服他人放弃他们的观点来接受我的观点。

"对于这个做法，我在最初觉得别扭，需要强行抑制自己的自然习惯来实施，但到最后，这一切变得很简单，逐渐成为一种习惯。也许在过去的五十年里，再没有人听到过我使用武断的表达。在早年我提议建立新的制度或是修改旧的制度时，我的意见之所以被人重视，我后来成为议员，我之所以在议会中有那么大的影响，我想这主要当归功于这种谦逊的习惯（撇开我的诚实廉洁品德不讲的话）；因为我不善辞令，从来不是一个能说善辩的人，讲话疙里疙瘩，常有语病，但是尽管如此，我的主张一般仍然得到人们的支持。

"其实，在我们的各种感情中，恐怕没有一样比骄傲更难以驯服的了。尽管你尽最大的努力来掩饰它、与它抗争，把它压下去、扼杀它、压制它，你还是消灭不了它，它还会不时地钻出头来显露原形。可能就在这本自传里你会常常遇见它；因为即使我以为我已经完全克服了骄傲这一缺点，但我可能又因我的谦虚而感到骄傲了。"

当然，这些话并不适用于生活中的每一种情况。这既不是他所期盼的，也不是他所要求的。但富兰克林的态度向我们证明了咄咄逼人地反对他人是不合时宜、徒劳无功的。生活中没有适用于每一种情况的基本法则。每条法规都不是万能的，会在某些情况下变得不可行。在某些情况下，强有力的词语是唯一正确的表达，但考虑到那些忧心忡忡的父母已经感到羞耻，并准备因孩子的问题再次接受羞辱，而且我们需要父母配合这个事实，富兰克林的方法很明显是可用于帮助儿童的唯一合乎逻辑的方法。

在这种情况下，证明一个人是正确的或表现出一个人的优越并不重要，重要的是为我们解决儿童问题铺平道路。当然，这个过程中有很多困难。例如，许多家长不想听到任何建议，且会因为老师将他们和他们的孩子置于如此不愉快的境地而感到惊讶或愤慨，并表现得不耐烦和不友好。这些家长在过去通常会对孩子的缺点视而不见，逃避现实。老师突然强迫他们面对这些缺点会让整个事情变得非常不愉快，所以，唐突或过于积极地与这些父母接触的老师通常无法获得父母的配合。有些父母的情况甚至更严重，他们会以愤怒的语言与老师交谈，并表现出难以亲近的样子。在这种情况下，教师最好向父母表明需要他们的帮助；最好让他们冷静下来，以让他们以友好的方式与老师交谈。不能忘记的一点是，父母常常会被传统、过时的方法所困，无法立即摆脱这些方法的影响。

例如，在一位父亲的严厉言辞和不悦的面部表情使儿童感到非常沮丧的案例中，这位父亲很难在这个习惯持续十年后突然展现出友好的表情，与这个儿童和善地说话。在这里需要说明是，当父亲对孩子的整体态度突然发生改变时，孩子最初也不会相信这种改变是真诚的。他会把这种改变视为一种伎俩，

第十四章 对父母的指导

且只会在日后看到父母的举止变化后慢慢相信。此外，具有较高知识水平的父母也会出错。例如，一位高中校长经常批评且唠叨他的儿子，这把他的儿子逼到了崩溃的边缘。这位校长在与我们的一次谈话中认识到了这一点；但在回到家之后，他又对他的儿子进行了严厉的说教。之后，他又因为他的儿子比较懒散再次发脾气。每当他的儿子做了一些惹他不高兴的事情，他就会发脾气，并对他的儿子进行严厉批评。既然教育工作者会出现这种问题，我们完全可以想象一直秉承应该对犯了错误的儿童进行鞭打的观点的家长会怎么做。在与父母交谈时，老师应该使用他们所掌握的每一种外交艺术和每一种委婉说辞。

我们需要记住的一点是，用拳头教育儿童的做法在比较贫困的阶层中得到了广泛认可。因此，在与老师进行纠正谈话后，来自这一阶层的儿童在回家后会受到父母的鞭打。因此，我们的教育工作经常被父母的不明智教育所毁坏。在这种情况下，儿童常常会因同样的错误受到两次惩罚，而我们认为犯错的儿童接受一次惩罚就足够了。

我们知道，这种双重处罚有时会造成可怕的后果。以一个必须将糟糕的成绩单带回家的儿童为例：因为害怕挨打，这个儿童不敢将成绩单交给父母，之后又因为害怕在学校受到惩罚，他就选择了逃学；或者在成绩单上伪造父母的签名。我们不能忽视这些事实，也不能轻视它们。我们必须始终结合儿童所处环境中的各种因素处理儿童的问题。我们需要经常问自己：如果我继续这样做会发生什么；这会对儿童造成哪些影响；我有多么确定这会对儿童产生有利影响；这个儿童是否有足够的能力承受；以及他能否从中吸取有益的教训？

我们知道，儿童和成人在面对困难时的反应是不同的。我们在实施再教育时必须非常小心，并且应该在试图重塑儿童的生活风格之前确保能够取得预期结果。始终在儿童的教育和再教育中进行审慎和客观判断有利于获得更接近于预期的结果。此外，在教学工作中，实践和勇气是必不可少的，而且，教师应该坚持一个不可动摇的信念，即无论情况如何，他们总可以找到适当的方法防止儿童崩溃。首先，我们应该遵守一个古老而公认的规则，即越早开始越好。其次，相较于一个习惯于抓住一个症状并根据刚性方案处理的人（例如，在一个儿童没有完成家庭作业时，立即把情况告知父母的老师），习惯于将个体视为一个整体且将症状视为整体的一部分的人能够更好地理解和帮助儿童。

我们正在进入一个新时代，时代的进步为儿童教育带来了很多新思想、新方法和新认识。科学的思想正在取代那些过时的习俗和传统。随着我们所获得的知识增加，老师肩负的责任不断增加，但作为一种补偿，这些知识让老师对儿童问题有了更多的了解，并且更有能力帮助那些交由他们教导的儿童。我们需要铭记的是，如果脱离整体的人格，单个行为表现没有任何意义，只有当将单个行为表现与儿童的其他表现联系在一起时，我们才能理解这个行为表现的含义。

附录一

个体心理学调查问卷

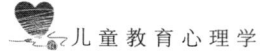儿童教育心理学

为了更好地了解问题儿童并提供更好的治疗,国际个体心理学家协会拟定了这份调查问卷。

1. 问题是从什么时候开始的?在儿童的缺点初次暴露时,儿童的情况(心理或其他方面)是怎样的?

以下几点非常重要:环境变化;学校生活的开始;家庭生育情况;兄弟姐妹的情况;在学校遭遇的挫折;老师或学校的变换;新朋友;儿童患病情况;父母离婚、再婚、死亡。

2. 儿童在暴露问题之前是否出现任何问题,包括精神或身体缺陷、胆怯、粗心大意、内向、笨拙、嫉妒、猜忌?在吃饭、穿衣、洗刷或睡觉时是否依赖他人?这个儿童是否害怕孤独或黑暗?他了解自己的性别角色吗?是否出现第一、第二或第三性征?他如何看待异性?他对自己的性别角色有多少了解?这个儿童是否是继子女、非婚生子女、养子女或孤儿?他的养父母待他如何?他们现在能否沟通?他是否在正确的时间学会说话和走路,是否遇到困难?这个儿童的出牙正常吗?在阅读、绘画、唱歌、游泳的学习中是否遇到明显困难?他是否特别依附他的父亲、母亲、祖父母或保姆?

我们需要确定他是否对他所处的环境怀有敌意,并寻找自卑感的起源;确定他是否由逃避困难的倾向,以及他是否表现

附录一 个体心理学调查问卷

出利己主义的特征,是否过分敏感。

3. 这个儿童会给人惹麻烦吗?他最害怕什么,最害怕谁?他在晚上会哭吗?他是否患有遗尿症?他是只在较弱的儿童面前表现得专横,还是也在较强的儿童面前表现得专横?他是否特别希望与父母一起睡觉?他是否表现得比较笨拙?他是否患有佝偻病?他的智力如何?他是否经常受到戏弄和嘲笑?他是否在发型、衣服、鞋子等方面表现出虚荣心?他是否有咬指甲或挖鼻子的习惯?他是否贪吃?

这些问题可以帮助我们了解儿童是否勇敢地争取优先,以及是否有痼疾阻碍他采取行动?

4. 他是否能够轻易地交到朋友?他对他人和动物是非常有耐心,还是折磨或捉弄他们?他是否喜欢收藏或囤积物品?他是否表现出贪婪和贪心的特征?他是否喜欢领导别人?他是否倾向于独处?

这些问题涉及儿童"与他人相处"的能力,以及儿童的气馁程度。

5. 综合考虑以上所有问题,这个儿童在目前的情况如何?他在学校的表现如何?他喜欢学校吗?他是否守时?他在去上学之前是否表现激动?他是否总是匆匆忙忙?他是否会丢失书本、书包或练习册?他在练习和考试前是否表现得激动?他是否会忘记做家庭作业,或拒绝做家庭作业?他是否会浪费时间?他是否懒惰?他是否无法集中注意力?他是否会扰乱课堂秩序?他是否尊敬老师?他对老师是否挑剔、傲慢或冷漠?他是否会主动请求别人帮助他学习功课，还是比较被动？他在体操和体育方面是否热切？他是否认为自己相对而言没有天赋，或完全没有天赋？他是否很爱读书？他更喜欢哪些类型的文学作品？

这些问题可以帮助我们更好地了解儿童对学校生活的准备、"上学考验"的结果，以及他对待困难的态度。

6. 涉及家庭环境、家庭患病情况、酗酒、犯罪倾向、神经疾病、身体衰弱、梅毒、癫痫和生活水平的确切信息。是否有家庭成员去世，是在儿童几岁时发生的？他是不是一个孤儿？谁是家里的主心骨？家庭教育是否严格，家长是否挑剔、批评儿童？家庭的影响是否使儿童对生活充满恐惧？家人对儿童的监管如何？

根据这个儿童在家中的情况和家人的态度，我们可以判断家庭环境留给儿童的印象。

7. 这个儿童在家中处于什么位置？他是家族中的长子、最小的孩子、独子、唯一的男孩或唯一的女孩吗？家中是否存在竞争，存在频繁的哭闹、恶意的嘲笑？他们是否表现出贬低他人的强烈倾向？

上述问题在性格研究方面具有重要意义，且可以帮助我们了解这个儿童对他人的态度。

8. 儿童对未来职业的选择有什么想法？他对婚姻的想法是什么？家庭其他成员的职业是什么？父母的婚姻生活是否幸福？

附录一 个体心理学调查问卷

我们可以根据上述问题确定这个儿童是否有勇气和信心面对未来。

9. 儿童最喜欢的游戏、故事、历史和小说中的人物有哪些？他是否喜欢破坏其他儿童的游戏？他是否具有丰富的想象力？他是否可以冷静地思考？他是否喜欢做白日梦？

这些问题可以表明儿童是否有在生活中扮演英雄的倾向。儿童行为上的反差可以被视为沮丧的标志。

10. 儿童的最早回忆是什么？是否定期做一些印象深刻的梦，诸如，飞行、从高处落下、未能及时赶到火车站等？是否有一些焦虑性的梦境？

我们在这方面经常可以发现儿童是否喜欢孤独、是否小心谨慎或雄心勃勃；我们还可以了解到他对某个人、某种生活的偏爱等。

11. 这个儿童在哪些方面表现得气馁？他是否认为自己被忽视了？他是否可以轻易应对别人的关注和表扬？他是否有迷信思想？他是否会逃避困难？他是否会尝试做各种事情，最后却中途放弃？他是否对自己的未来感到不确定？他相信遗传可以带来有害影响吗？他周围的人是否让他感到气馁？他的人生观是否悲观？

这些问题的答案可以帮助我们确定这个儿童是否已经丧失了对自己的信心，以及是否踏入了错误的道路。

12. 这个儿童是否还有其他把戏和坏习惯，例如，扮鬼脸、故意装傻、孩子气、滑稽？

这种情况表明儿童有些微的勇气来吸引他人的关注。

13. 他是否有语言障碍？他是否面貌丑陋？是否患有畸形足？是否患有膝外翻或弓形腿？是否发育不良？身体是否异常结实或高大？身体比例是否不协调？他的眼睛或耳朵的生理结构是否异常？他的智力是否落后？是否习惯用左手？他晚上是否打呼噜？他是否非常帅气？

上述缺点往往是儿童最为重视的，他们可能会因为这些缺点而永远消沉下去。此外，我们还会在非常漂亮的儿童中发现错误的发展，这些儿童沉迷于这样的想法，即他们应该得到他们想要的一切，无须付出任何努力。这类儿童错过了为许多生活做好准备的机会。

14. 儿童是否经常提及自己的能力不如别人，提及他在上学、工作和生活方面"缺乏天赋"？他是否有过自杀的想法？他的失败与困难在时间上有什么联系吗？他是否过于重视表面上的成功？他是否过分顺从、盲从或桀骜不驯？

这些都是儿童极度气馁的表现，这大部分是在儿童无法克服困难后出现的。儿童失败的部分原因是他的努力无效，另一部分原因是他对他所接触的人缺乏了解。不过，他必须要满足自己对优越感的追求，无论在什么地方，以什么方式；所以他寻找了其他更轻松的处境，即转向"战场周边区域"。

15. 列举儿童获得成功的方面。

这些成功的事例可以为我们提供重要暗示，因为儿童的兴趣、倾向和准备会指向另一个方向，这可能与他目前的发展方向相反。

上述问题不适宜以固定和程式化的顺序向儿童提出。我们应该通过对话的方式建设性地提出的。根据这些问题的回答,我们可以对儿童的性格特征形成一个正确的理解。可以看出,尽管失败并不合理,但它们是可以理解的。此外,对于问题所披露的错误,人们应始终以耐心和友好的方式向儿童解释,且不能使用任何带有威胁性的词语。

附录二

五个案例分析

儿童教育心理学

一

该案例中的儿童是一个十五岁的男孩，他是家里的独子。他的父母为了能过上舒适的生活而努力工作。他们一直小心地照顾这个男孩，确保他能够健康、幸福地成长。他的母亲非常善良、优秀，但很爱哭泣。虽然她努力控制自己，但在陈述男孩情况时还是因为哭泣而中断了好几次。我们不认识这个男孩的父亲，但根据男孩母亲的描述，他是一个诚实、精力充沛的男人。他热爱家庭，并对自己充满信心。在这个男孩很小的时候，每当他不听话时，男孩的父亲会说"如果我不逼他改变，他将来就会吃苦头"。他所说的"逼他改变"是指强迫这个男孩中规中矩，并在他做错事时动手打他，而不是费心教导他。这个男孩在童年早期的反叛表现在他想要扮演家里的主人，这种愿望常见于被溺爱的独生子身上。他在很早的时候就表现出一种不服从命令的倾向，并且养成了只要他的父亲不打他，他就拒绝服从命令的习惯。

在陈述到这时，如果有人询问这个儿童肯定会发展出什么显著的性格特征，我们的答案一定是"撒谎"。他会通过撒谎来躲避父亲的鞭打。这也确实是男孩母亲向我们提出的主诉问题。这个男孩现在已经十五岁了，他的父母无法分辨他是否在说谎。我们在接下来的谈话中了解到以下内容：这个男孩曾在一所教区学校就读，他的老师抱怨说他不服从管教并扰乱课堂秩序。例如，他会在被点名回答问题之前大声喊出问题的答案，或者会通过提问的方式打断老师讲课，或者在课堂上和同学大声说话；他做功课时的字迹难以辨认，而且他还惯用左手。最后，他的行为越发不可收拾，而他因为害怕受到父亲的惩罚养成了撒谎的习惯。他的父母刚开始决定让他留在学校，但不久之后就不得不将他带走了，因为他的老师认为说他们对这个男孩已经无能为力了。

这个男孩看上去是一个活泼的少年，智力得到所有老师的认可。他在完成公立小学的学习后参加了中学的入学考试。在考试结束后，他告诉一直等着他的母亲他通过了考试。家里的每个人都很高兴，并去乡下度过了暑假。在此期间，这个男孩经常谈到中学的事情。之后，中学开学了，这个男孩每天都会收拾好书包上学，并在中午回家吃午饭。但有一天，男孩的母亲陪着他走了一段路，在他们一起过马路的时候，她听到一个人说"今天上午就是这个男孩带我去车站的"。男孩的母亲向这个男孩询问那个人是什么意思，他那天上午是不是没去上学。那个男孩回答说学校在十点钟放学了，他在放学后将那个人送去了火车站。男孩的母亲并不相信这个解释，并在之后将这件事情告诉了男孩的父亲。男孩的父亲决定在第二天陪男孩一起上学。第二天，在去学校的路上，男孩的父亲通过不断向男孩提问得知他并未通过入学考试，也没有到中学上学，他这些天一直都在街上游荡。

他的父母为他请了一位家庭教师。最终，男孩通过了中学入学考试，但他的行为一直没有得到改善。他仍然会扰乱课堂秩序，并在某一天开始偷窃。他从他的母亲那里偷了一些钱，但他极力否认这件事情，直到他的父母威胁要报警。这是一个对儿童疏于照管的可悲案例。男孩的父亲非常自负，以为他可以将这个小树枝掰正，但现在已经对这个男孩失去了希望。男孩的父母对他不理不睬，并声称不会再继续打他。

在被问及"问题是从什么时候开始的？"这个问题时，男孩的母亲回答说"从他出生的时候开始"。根据这个回答，我们认为男孩的母亲想要暗示这个男孩的不良行为是天生的，因为他们已经用尽了各种方法，但都没有成功。

在还是一个婴儿时，这个男孩烦躁不安，日夜哭闹。但所有的医生都说他的身体健康，一切正常。

事情并不像表面上那么简单。虽然婴儿哭闹并不是一个特别值得注意的事情，但婴儿哭闹的原因有很多，尤其是这个婴儿是家中的独子，母亲没有照顾婴儿的经验。婴儿通常会在尿湿后哭泣，而母亲往往并不能了解这个情况。在他哭闹的时候，他的母亲做了什么？她把婴儿抱在怀里摇晃，给他喝一些东西。但是，她应该做的是找出婴儿哭泣的真正原因，让孩子感到舒服，然后不再理会他。孩子自然就会停止哭闹，他就不会留下这些不良记录。

男孩的母亲告诉我们,这个男孩在正常年龄学会了说话和走路,没有花费太大力气。而且,他的牙齿发育也很正常。这个男孩有一个坏习惯,就是在玩具玩过以后,他就会把玩具弄坏。这些行为并不一定表明儿童品格恶劣。我们需要注意的是这句话:"要使他在较长时间内专注做一件事情是不可能的。"我们对此必须提出这样一个问题,即母亲应该如何训练儿童独自玩耍。方法只有一个,即必须让儿童单独玩耍,不能经常打扰他。我们怀疑这个男孩的母亲并没有做到这点,她说的几句话也证实了这一点,例如,这个男孩总是有很多事情让她处理,这个男孩总是黏着她等等。这个男孩渴望获得母亲的宠爱,他的渴望和企图是留在男孩心中的最早印记。

这个男孩从没有单独一个人待着。

很明显,这位母亲是为自己进行辩护。

这个男孩从没有单独一个人待着,直到现在,他依然不喜欢自己独处,哪怕只是短短的一个小时。特别在夜晚,他从未自己一个人待着。

这证明了这个儿童与母亲的关系非常亲密,而且,这个儿童一直依赖她。

他从未感到害怕,而且到现在也没有感到害怕。

这句话与心理常识不符,它与我们的研究发现并不一致。在对相关事实进行仔细研究后,我们可以得到一个恰当的解释:这个男孩从未单独一个人待着,他因此没有必要害怕,因为对于这类儿童来说，恐惧是强迫他人留在他们身边的一种手段。所以，他没有恐惧的必要，但如果他自己一个人待着，恐惧就会表现出来。这是另一个表面上的矛盾。

他非常害怕他父亲的手杖。（所以，他是会感到恐惧的）然而，在被他的父亲打完以后，有时甚至是被狠狠地打一顿，他很快就会忘记这件事情，并再次变得活跃起来。

我们在此发现了一个不可取的反差：母亲迁就孩子，而父亲却非常严厉，希望纠正母亲的柔和。因此，这个儿童越来越依赖他的母亲。也就是说，他转向那个宠爱他的人，他可以轻而易举地从她那里获得一切。

在他六岁时，他被送去教区学校，交由教士监护。也就是从那时开始，人们反馈说他活泼、不安分和不专心，而且人们大都会抱怨他的行为举止，而不是他的学习成绩。其中，最引人注意的是他的不安分。如果儿童想要吸引他人的注意力，还有比不安分更好的办法吗？他之前已经习惯了吸引母亲的关注，因此在进入一个更大的圈子时，他希望得到学校这个大圈子中的新成员的关注。当老师不理解这个儿童的意图，试图通过单独责骂或者谴责来纠正这个儿童的行为时，这个男孩的意图就实现了。他必须为他所获得的关注付出较大的代价，但他已经习以为常了。他在家里受到了父亲的鞭打，但他的行为依旧不变。我们是否可以假设学校里的温和惩罚可以帮助他改变旧习？这是最不可能的。当他让步同意去上学时，他想要的补偿就是成为关注的焦点。

他的父母曾告知他，为了维持班级秩序，每个人都应该保持安静，希望通过这种方法来改善他的行为。当听到这种陈词滥调时，我们对父母的常识产生一些怀疑。这个男孩其实可以与成年人一样辨别对错。但他的行为目的是得到他人的关注，而他无法通过保持安静的做法在学校获得任何关注；当然，通过努力学习获得关注是非常辛苦的。在了解他为自己设定的目标后，他的行为就很好理解了。显然，当男孩的父亲用手杖打他后，男孩会安静一段时间。但男孩的母亲说，在父亲离开后，男孩会立即故态复萌。鞭打和惩罚只是在短时间内打断他的做法，绝不可能促使他改正自己的错误。

他总是发脾气。

显然，想要获得关注的儿童只能借助发脾气来达到目的。我们发现，人们通常所说的"发脾气"只是一个人完成任务的简单节奏，只是目标决定的活动形式。例如，如果一个人想要安静地躺在沙发上，他就不需要发脾气。发脾气的行为是一个迹象，可以表明儿童有目的。在这个案例中，发脾气表明他希望获得别人的关注。

他养成了一个坏习惯，将家里的各种东西带到学校，用这些东西换钱来招待他的同伴。在发现这个习惯以后，他的父母会在他每天去上学之前对他进行搜查。他最终改掉了这个习惯，并承认说他这么做是为了开玩笑和捣乱。男孩是在父亲实施严厉惩罚后才改掉这个习惯的。

我们可以明白他恶作剧的原因：他想要其他人关注他，所

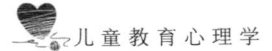儿童教育心理学

以想招致他的老师惩罚他,以显示学校的纪律奈何不了他。

他的捣乱行为慢慢有所减少,但还会不时地再犯,并最终导致他被学校开除。

这证实了我们的说法。这个男孩想获得别人的认可,但在这个过程中自然会遇到障碍,他也会逐渐意识到这些。此外,在考虑到他惯用左手时,我们对他的心理有了更多的了解。我们可以推断:虽然他想避免困难,但他总觉得困难无处不在。最后,男孩失去了克服困难的信息。但是,他对自己的信心越少,他就越想证明自己值得关注。因此,在学校再也不能容忍他并将他开除之前,他并没有停止他的恶作剧。如果学校坚持不允许一个捣乱者打扰所有其他学生的学习,学校只能开除这个捣乱者。但考虑到教育的目的是纠正缺点时,开除就不是正确的方法。因为这会使男孩更容易获得母亲的关注,且再也不需要在学校里刻苦用功了。

值得注意的是,根据一位老师的建议,他的父母在假期将这个男孩送去了收容所。在那里,这个男孩受到了更严格的监督,但这个尝试也失败了。他的父母仍然是主要监督者。这个男孩每个星期天都会回家(这让他感到非常高兴)。在他未被允许回家时,他也没有闷闷不乐。这是可以理解的。他想要扮演伟大人物,并希望别人也这样看待他。因此,他对鞭打毫不在意,不允许自己哭泣,而且无论事情有多么不愉快也不允许自己表现出任何缺乏男子气概的样子。

他的学习成绩不是最差的;他一直在家里接受课外辅导。

我们从中可以得出这样一个结论，即这个男孩缺乏独立性。男孩的老师曾反映说，如果这个男孩能够稍微安静一点，他可以取得更好的成绩。我们相信这个男孩可以取得好成绩，因为除了低能儿童之外，所有儿童都可以完成学习任务。

他不擅长绘画。

这一点非常重要，因为这表明他还没有完全克服右手的笨拙。

他在体育运动方面表现得非常出色；他很快就学会了游泳，而且不惧怕危险。

这表明他并没有完全气馁，但他的勇气只表现在不重要的方面，即那些他能够轻而易举完成且确定自己会成功的事情。

他并不会感到害羞，他会将他的想法告诉所有人，无论这个人是看门人还是学校主任，虽然他被多次告诫不能这样唐突。

我们知道，在人们禁止他这样或那样做时，他根本不会在意。我们不能把缺乏羞怯看作是勇敢的证据。我们知道很多儿童都很清楚他们与学校老师和管理人员之间的距离。这个不怕被父亲鞭打的男孩自然不会害怕校长，且会为了使自己变得重要而放肆地说话，以此来实现自己的目标。

他对自己的性别并不十分确定，且经常会说他不喜欢成为女孩。

关于他对自己的性别的看法，我们没有获得明确的迹象。但我们经常发现一些淘气的男孩有看轻女孩的倾向。他们会通

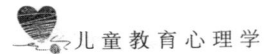

过贬低女孩来获得一种优越感。

他没有真正的朋友。

这是非常容易理解的,因为其他儿童并不喜欢一直听从他的指挥。

他的父母还没有对他进行性教育。他的行为总是反映出一种统治欲。

他自己了解一些我们需要付出非常多的努力才能得知的事实。也就是说,他非常清楚自己想要什么,但他并不知道他的目标与行为之间的关系。他并不清楚这种强烈统治欲的范围和根源。他想要统治他人的原因是他看到了他的父亲在统治他人;但他越想要统治他人,他实际上就越弱,因为他必须依赖别人;而被他视为榜样的父亲只是以一种节制的方法进行统治。换句话说,他的怯弱让他变得野心勃勃。

他总是想要制造挑起事端,不管对方是不是比他强大。

然而,这些强大的人实际上比较好对付,因为他们有一种责任感。这个男孩只有在可以放肆的时候才相信自己。顺便说一句,要消除他的这种无礼是不容易的,因为他不相信自己有能力学习任何东西,因此必须躲在这种无礼之后。

他并不自私,对别人非常慷慨。

如果将这一点视为善良的标志,我们就很难将这个与男孩的其他性格品质联系起来。我们知道,人们可以通过慷慨来谋取优越感。我们需要了解这种品质与对权力的渴望之间的关系。在这个案例中,这个男孩认为慷慨可以提升个人价值。

附录二 五个案例分析

他很可能是从他的父亲那里学到了这个通过慷慨来自我炫耀的伎俩。

他仍然会制造很多麻烦。他最害怕他的父亲,其次是他的母亲。他可以随时准备起床,也不是特别虚荣。

最后一句中的虚荣只涉及外在虚荣,但他的内在虚荣非常强烈。

他已经改掉了挖鼻孔的旧习惯。他是一个固执的孩子,对食物非常挑剔,不喜欢蔬菜和肥肉。他并非完全不合群,但他更喜欢与那些可以任由他摆布的孩子交往。此外,他还非常喜欢动物和花草。

对动物的喜爱通常预示着对优越感和统治的渴望。喜爱动物自然不是坏事,因为这会使得人们与世间万物和谐相处。然而,我们发现,在喜爱动物的儿童中,这种喜爱代表了对统治的渴望,而且,这些儿童总是倾向于让母亲为他们提供更多的照顾。

他表现出强烈的领导欲,当然,这种领导并不是智力上的领导。他养成了收集东西的习惯,但由于没有耐心,他的收藏从没有完成过。

这类儿童的悲剧就在于他们无法完成任何事情,因为他们害怕对完成的结果承担责任。

从十岁开始,他的总体行为有所改善。在此之前,他的父母无法让他安心地留在家里,因为他一直想在街上的孩子中逞强好胜。他的改进是他的父母几经努力的结果。

将他限制在房屋的狭窄范围内的行为其实最能满足他的自我肯定欲望。这也是他在这些狭窄的范围内做了那么多的恶作剧的原因。在适当监督的前提下，父母应该允许他到外面玩闹。

在放学回家后，他会自觉做家庭作业，没有表现出任何出门玩耍的意思。不过，他会找到各种方法来浪费时间。

当我们将一个儿童限制在一个狭窄的范围内，且将他一直置于监督下时，这个儿童就会出现注意力分散和浪费时间的问题。儿童必须获得参加活动、与其他儿童相处的机会，以便能够在他的同伴中发挥作用。

他之前很乐意去上学。

这表明之前的老师并不严肃。他能够轻易地哗众取宠。

他常常把教科书弄丢。他并不害怕考试，他一直相信自己可以非常出色地完成任何事情。

这个特征非常常见。一个人在任何情况下都表现得非常乐观的事实表明他并不相信自己。这些人实际上是悲观主义者，但他们设法违背逻辑，躲避到一个他们可以获得一切的幻想中；在面对失败时，他们没有任何惊讶的迹象。他们拥有一种宿命感，这使他们能够表现得像乐观主义者一样。

他的注意力极度不集中。一些老师非常喜欢他，但另一些老师非常讨厌他。

性情温和的老师似乎比较喜爱他，对他的举止感到满意。他也很少在这些老师的课堂上捣乱，因为这些老师没有对他提

附录二 五个案例分析

出太多的要求。像大多数被宠坏的孩子一样，他没有集中注意力的能力，也没有培养这个习惯。他在六岁之前一直认为自己不需要这些，因为他的母亲会照顾好一切。生活中的一切都是预先安排好的，他就像被关在笼子里的鸟一样。一旦遇到困难，他缺乏准备的缺点就会暴露出来。他没有习得任何困难解决方法，而且，他并不关心别人，因此无法与他人合作。他没有独立完成某事所需的欲望和自信，他唯一的愿望就是突出自己，即无须任何努力就能吸引他人的关注。但他无法扰乱学校的秩序，他没有得到关注，这加剧了他的不良行为。

他总是希望可以轻易地解决一切问题，以最简单的方式获取一切，完全不会考虑其他人的利益。这已经成为其生活的朱旋律，并在他的所有具体行为中表现出来，例如盗窃和撒谎。

潜藏在其生活风格下面的错误是显而易见的。可以肯定的是，他的母亲为其社会情感的发展提供一些了刺激，但他的母亲和严厉的父亲都没有为社会情感的发展指明方向。因此，这些情绪被局限在男孩母亲身上。在他的母亲面前，他觉得自己是关注的焦点。

因此，这个男孩的优越感追求没有被引导至生活中的有益方面，而是被引导到了个人虚荣心方面。为了将他引导至生活中的有益方面，我们必须重新引导他的人格发展。首先，我们必须帮助他重拾对自己的信心，以便他乐意听取我们的意见。与此同时，我们必须扩大他的社会关系范围，从而纠正男孩母亲在抚养独子时所犯的错误。此外，他还需要与他的父亲和解。这个男孩的教育必须一步一步地进行，直到这个男孩能够以我们的理解方式理解之前的生活风格错误。只要他的关注点不再集中在一个人身上，他的独立性和勇气将会增长，他将把自己对优越感的追求引导至生活中的有益方面。

二

这是一个十岁小男孩的案例。

根据学校的反馈，这个男孩的学习成绩非常差，而且已经比同龄儿童落后了三个学期。

考虑到这个男孩已经十岁，且比同龄儿童落后了三个学期，我们几乎要怀疑他是一个低能儿童。

他现在已经升到3B年级，智力商数为101。

由此可见，他并不是一个低能儿童。他落后的原因是什么呢？他为什么扰乱课堂秩序？我们发现他对优越感有所追求，并采取了一些活动，但这些都集中在了无益方面。他想要创新、积极主动并成为关注的焦点，但采取了错误的方式。此外，我们还可以发现他会和学校对着干。他是一名反抗者，是学校的敌人。我们由此可以理解他为什么落后：这样的反抗者很难适应学校的固定程序。

他不愿意服从命令。

这是显而易见的。他这样做自有他的想法，也就是说他行事有一套方式。如果他喜欢与学校对抗，他就必须反抗命令。

他经常与其他男孩打架；他会将玩具带到学校。

他想要在学校拥有自己的世界。

他并不擅长口算。

这意味着他缺乏社会情感和与之相关的社会逻辑（详见第七章）。

他有语言缺陷，因此每周会去上一次语言训练课。

这个语言缺陷并不是由器官缺陷引起的。这是缺乏社会合作意识的一个迹象。语言代表了合作态度，因为个人必须与他人联系。在目前情况下，这个男孩将该语言缺陷用作抗争的工具。我们可以确定的是，他并没有设法纠正他的言语缺陷，因为这意味着放弃他用于吸引别人关注的工具。

在老师与他谈话时，他总是左右摇摆身体。

他的动作表明他随时准备抗争。他并不喜欢老师找他谈话，因为他并没有受到众人的关注。如果老师说话而他必须倾听，这个老师就是征服者。

男孩的母亲（确切地说，男孩的继母，他的生母在他还是婴儿时就已经去世了）只是抱怨说他神经质。

男孩母亲的看法包含了小孩的一连串过失。

他是由两位祖母抚养长大的。

一位祖母就足以带来很大的影响，因为我们之前提到过，祖母通常会非常溺爱孩子。她们的做法值得深思。其实这是由人类文明中的一个错误引起的，即老年女性被世界忽视。她们自然会反抗这种待遇，并希望得到公平对待（这是无可厚非的)。祖母想要证明她存在的重要性,为此,她们会溺爱孩子并让他们依附于她。祖母试图通过这种方式强调自己拥有获得他人承认的权利。

在听到这个男孩由两位祖母抚养长大后,我们完全可以想象到她们之间的激烈竞争。每一位祖母都想证明与另一位祖母相比,这个孩子更喜欢自己。这个男孩发现自己在这场竞争中处于有利地位,可以得到他想要的一切。他只需要说"外婆(或奶奶)给了我这个",另一位祖母就想要超过她的竞争对手。这个儿童在家里是关注的焦点,他将这种关注设为自己的目标。但在进入学校后,那里没有两位祖母,只有一个老师和很多孩子。这个男孩获得关注的唯一方法就是抗争。

在与祖母一起生活时,这个男孩的学习成绩比较糟糕。

他无法适应学校生活。他并没有为此做好准备。上学是对他与他人合作的能力的考验,而他并没有接受过关于合作的教导。母亲是可以促使儿童的合作能力得到最好发展的人选。

男孩的父亲在一年半以前再婚了,在此之后,这个男孩与他的父亲和继母生活在一起。

这是一个比较棘手的处境。通常在继母或继父进入家庭后麻烦就会出现或增加。继父母带来的难题是一个由来已久的问题,且一直没有得到解决,而且儿童常常为这个问题所困扰。即使是最好的继母也会遇到麻烦。不能说继父母的问题是不可解决的,但只能以特定方式解决。继母和继父不应该期待获得他们应得的喜爱,但他们应该尽力赢得孩子的喜爱。但在当前

附录二 五个案例分析

这个案例中，男孩的两个祖母让情况变得更加复杂，增加了继母与这个男孩相处的困难。

在刚进入这个家庭时，孩子的继母曾尝试成为一个亲切的妈妈。她会尽其所能地来争取这个男孩的喜爱。此外，哥哥引起了一些问题。

这是这个家庭中的另一个好斗者，而且这两个兄弟之间的激烈竞争只会致使他们的好斗性增加。

这个男孩害怕他的父亲，且会服从他的命令。但他不会服从母亲的命令。因此，男孩的母亲会将男孩的问题告知男孩的父亲。

这种行为实际上表明了男孩母亲无力教育他，所以把教育孩子的责任交给了父亲。当母亲总是向父亲报告孩子们做了什么、没做什么时，当她用"我会告诉你父亲"这些话语来威胁他们时，孩子们会明白她无力管教他们，且已经放弃了这项工作。所以，他们会寻找机会指挥他们的母亲。母亲的这种说话和做事方式表现了她的自卑情结。

在这个男孩答应听话时，男孩的母亲会带他外出游玩，并给他买东西。

男孩母亲的处境比较艰难。为什么呢？因为男孩祖母的光芒盖过了她，祖母在孩子心中占用更重的位置。

祖母会偶尔来看看这个男孩。

来家中拜访几个小时的人很容易影响儿童的思想，并为孩子的母亲留下一堆麻烦。

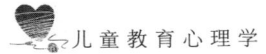儿童教育心理学

家里似乎没有一个人真正喜爱这个孩子。

他们似乎不再喜欢这个男孩了。在将这个男孩宠坏以后,男孩的祖母甚至也不再喜欢他了。

男孩的父亲会动手打这个男孩。

然而,鞭打是没有用的。这个儿童喜欢被夸赞,而且会在得到夸赞以后感到心满意足。但是,他不知道如何通过正确的行为获得夸赞。他喜欢不用付出努力就能获取老师的赞扬。

在获得称赞以后,这个男孩会表现得好一些。

想要吸引他人关注的儿童都是这样。

这个男孩的老师不喜欢他,因为他总是绷着脸,一副不开心的样子。

这是他可以采用的最好方法,因为他需要与学校对抗。

这个儿童有遗尿症。

这也是他渴望得到关注的表现。但他并不是以直接的方法争取关注,而是采取间接的方法争取关注。这样的儿童如何以间接的方法对付他的母亲呢?他选择的方法是尿床,让母亲半夜三更从床上爬起来;他在夜里大声尖叫;在床上阅读,迟迟不睡觉;在早上不起床;沾上不良的饮食习惯。简而言之,他总是有一些方法在白天和晚上占据母亲的注意力。遗尿和言语缺陷是他应对周围环境的两个武器。

为了帮助这个男孩改掉尿床的习惯,男孩的母亲曾试图通过夜里多次叫醒他小便。

男孩的母亲为此在晚上也需要多次看视这个男孩。因此,

附录二 五个案例分析

他达到了自己的目的。

周围的儿童都不喜欢这个男孩,因为他总是想要领导他们。但有几名弱小的儿童试图模仿他。

这个男孩比较虚弱,且比较气馁。他不愿意以勇敢的方式生活。学校中的一些弱小儿童喜欢模仿他,因为这确实是弱小儿童获得关注的最佳方法。

他并不是真的不受欢迎,在他的作业被评为最优时,其他孩子会为他取得进步而感到高兴。

当他取得进步时,他的同学会为他感到高兴。对于老师来说,这也是一个很好的迹象。这表明老师懂得如何在儿童中培养合作精神。

这个男孩喜欢与其他儿童一起在街上踢球。

在他确定会成功和战胜某事时,他会与其他人发生联系。

我们与男孩的母亲讨论了男孩的情况,并向她解释说:在与这个孩子和男孩祖母的关系中,她的处境比较艰难。我们还向她解释说,这个男孩嫉妒哥哥,且总是担心会被抛弃。虽然我们告诉他我们都是他在诊所的朋友,这个男孩在面谈的过程中没有说一句话。对于这儿男孩来说,交谈意味着合作。他想要表示反抗,所以他没有说话。在我们看来,这与他拒绝采取措施来改善他的语言缺陷一样,都意味着他缺乏社会意识。

这种情况看起来让人感到吃惊,但我们在社交生活中经常发现,有些成年人甚至也以这种方式行事,即通过不说话来抗争。例如,曾经有一对夫妻发生了激烈的争吵。丈夫大声尖

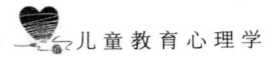

叫，对妻子说："看，你现在沉默了！"而妻子却回答说："我没有沉默，我只是不说话！"

在这个男孩的案例中，他也"只是不说话"。在面谈结束后，这个男孩被告知可以离开，但他似乎并不想离开。他在表达他的反抗。我们告诉他面谈已经结束，但他依然没有离开。之后，我们告诉他下周再和父亲一起过来。

与此同时，我们告诉他："你不说话是非常正确的。我们知道你总是做相反的事情。如果你被要求讲话，你就会保持沉默；而在学校里，当你需要保持沉默时，你就会通过谈话来扰乱课堂秩序。你认为你可以通过这种方式成为英雄。如果我们刚才要求你别说话，你就会说话。我们只需要引导你，提出与我们想要的结果相反的要求就可以了。"

显然，我们需要让这个儿童说话，因为我们需要他回答问题。我们可以通过上述做法让他按照我们的意愿开口说话。之后，我们可以向他说明情况，并让他意识到自己的错误，并逐步改进。

需要记住的是，只要这类儿童处于他已经习惯的状态，他就不会想要改变。他的母亲、父亲、祖母、老师和同学都与他习惯的生活风格紧密相连。他对这些人的态度是固定的。但他在诊所面对的是一个全新的环境。事实上，我们需要尽可能提供一个不同的环境，即提供一个全新的环境，从而确保他会更好地表露他在已经习惯的旧环境中形成的性格特征。因此，在这个案例中，告诉他"你不能说话"是一个好主意，他会产生强烈的说话欲望。这样，没有人直接与他交谈，但他再也不会拒绝开口了。

在心理诊所，儿童通常需要面对大量听众，这会给他们留下深刻的印象。这里是一个全新的情境，会给儿童留下这样一个印象，即他们不再被束缚在自己的小环境中，还有其他人关心他们，因此他们是一个更大整体的一部分。特别是在他们被要求下次再来时，所有这一切使他们想要比以前更深入地融入这个整体。他们知道将会发生什么：人们会向他们提问，并询问他们的近况等。有些人需要每周来一次，而有些人需要每天都来，这取决于他们的情况。人们会指导他们对待老师的态度。他们知道他们不会受到指责、责骂或批评，但所有事情都会受到公开评判。如果一对夫妇发生争吵，其中一个人打开一扇窗户，那么争吵就会停止，情况就会变得完全不同。在一扇窗户被打开后，其他人可以听到他们的表达，他们通常不想暴露他们的错误性格特征。我们可以在儿童来到诊所的时候帮助他们迈出这一步。

三

这个案例涉及家中的长子。这个男孩现在十三岁半。

在十一岁时，他的智力商数为140。

这个男孩可以说是一个聪明的孩子。

自进入中学的第二学期后，他几乎没有取得任何进展。

根据经验可知，如果一个儿童认为自己很聪明，他经常认为可以不费吹灰之力地获得一切，而结果就是这些儿童常常会止步不前。例如，我们发现青春期的孩子常常觉得他们比实际要成熟很多。他们想要证明他们已经不再是孩子。但他们越想要证明自己，他们在现实生活中遇到的困难就越多。然后，他们开始怀疑他们是否真的像他们所认为的那样聪明。因此，我们不建议告诉儿童他很聪明或者他的智力商数达到了140。儿童永远不应该知道他们的智力商数，父母也不应该知道。因为这正是这些聪明的孩子在之后失败的原因，这对儿童是有害的。一个雄心勃勃且不确定以正确方式可以取得成功的儿童会寻找一种错误的成功方式，包括变得神经质、自杀、犯罪，变得懒惰或浪费时间。儿童可以通过一百多种伎俩来获得无用的成功。

他最喜欢的科目是科学。而且，他喜欢与比他年幼的儿童交往。

我们知道，儿童与较小的孩子交往的目的是为了让事情变得更轻松、为了让自己变得优秀并成为领导者。因此，儿童喜欢与比他年幼的孩子交往是一个可疑的迹象，但情况并非绝对如此，儿童有时会表现出父亲的态度。不过，这些行为一般是与儿童的无力感有关，因为父性本能的表达涉及对较大儿童的排斥。这种排斥是一种有意识的回避行为。

这个男孩喜欢足球和棒球。

我们由此可以假定他非常擅长这些运动。我们可能会听说

附录二 五个案例分析

他在某些方面表现非常好,但对一些事情一点也不感兴趣。这意味着在确定可以成功的方面,他会变得活跃;而在不确定可以成功的方面,他会拒绝参加。当然,这种做法是不可取的。

这个男孩喜欢玩纸牌。

这意味着他在消磨时间。

纸牌游戏似乎占据了他的大部分精力,使得他不能早睡早起和按时完成家庭作业。

这个问题是家长真正不满意的地方,而这些问题都集中在同一点上,即他无法静下心学习,因此会浪费时间。

这个男孩在婴儿时期发展非常缓慢。但在两岁以后,他开始快速发展。

我们不知道为何他在两岁之前发展比较缓慢。或许是因为他之前得到了家人的宠爱,他的缓慢发展可能就是家人的溺爱造成的。我们经常发现被溺爱的儿童不想说话、活动或运用身体机能,因为他们喜欢得到他人的照顾。这样,他们没有得到促使他成长的刺激。但是,对于他在之后的迅速发展,唯一的解释就是这个男孩遇到了促进其发展的刺激。或许这种刺激非常强烈,这促使他成为一个聪明的孩子。

诚实和固执是这个孩子的显著特征。

仅仅知道他是诚实的孩子是不够的。虽然诚实是美好的品德,是一个优点,但我们不知道他是否利用他的诚实来批评别人。这可能是他夸耀的一种方式。我们知道他是一个喜欢领导和指挥他人的人,因此诚实可能是他追求优越感的一种表达。

我们不确定这个男孩在处于不利的境地时是否可以继续保持诚实这个品质。至于他的固执，我们发现他实际上是想要以自己的方式行事，显示自己的与众不同，且不喜欢被别人领导。

他经常欺负他的弟弟。

这证实了我们的判断。他想要成为领导者，所以，他会在他的弟弟不服从命令时欺负他。这并不是诚实的表现，如果你真的了解他，你会发现他的行径与说谎者无异。他非常喜欢吹嘘，这表明了他对优越感的渴望。我们在这里面对的问题实际上是一种优越情结，而这种优越情结清楚地表明在他的内心深处有着深深的自卑感。因为未能达到别人对他的过高期望，他开始低估自己，并通过吹嘘来获得心理补偿。因此，过分地赞美一个儿童是不明智的，因为他会认为他人对他的期望很高。当他发现很难满足这些期望时，他就会焦虑和害怕，且最终会通过特定的方式来组织他的生活，以防止他人发现他的不足。因此，他开始欺负他的弟弟等。这就是他的生活风格。他感觉自己不够强大、不够自信，不能独立、正确地解决生活中的问题。他因此开始沉迷于玩纸牌，因为这样就没有人能发现他的不足，而且即使他的学习成绩很糟糕，也没有人会发现他能力欠缺。他的父母会认为他学习成绩较差是因为他总是玩纸牌，而这样，他的骄傲和虚荣就得到了保护。他开始接受这种思想："是的，我没有成为一名优秀学生的原因是我喜欢玩纸牌；如果我不再玩纸牌，我会成为最优学的学生。但是，我喜欢玩纸牌"。他对此感到很满意，并形成了一种令他感到舒适的想法，

附录二 五个案例分析

即如果他不再玩纸牌,他会成为最优秀的学生。这个男孩在不了解自己的心理逻辑的情况下可以为自己悲叹,并对他自己和其他人隐藏他的自卑情结。而且,只要他可以继续这样做,他就不会做出改变。因此,我们必须以一种非常友好的方式向他说明其性格的根源,并让他明白他这样是因为他感觉自己不够强大,无法完成自己的任务。他将所有的努力都用在掩饰自己的弱点和自卑感上。正如我们所说的,我们必须以友好的方式和持续的鼓励来解决这个问题。我们不应该总是赞美他,也不应该在他的面前不断提起他的较高智力商数,这种不断的提醒可能正是他害怕不能一直取得成功的原因。我们非常清楚,在以后的生活中,智力商数并不是很重要;所有优秀的实验心理学家都知道,智力商数只能表现测试中所揭示的现状,而生活却是非常复杂的,人们无法通过测试知晓。高智力商数并不能证明儿童真的能够解决生活中的所有问题。

这个男孩的真正问题是他缺乏社会意识,且具有自卑感。我们必须让他认识到这一点。

四

这个案例涉及一个八岁半的小男孩。这个案例可被用于说明儿童是如何被宠坏的。罪犯和神经质患者主要出现在被溺爱的儿童中。我们时代的当务之急就是停止溺爱儿童。这并不意味着我们不能再喜爱儿童,而是意味着我们不能再纵容他们。

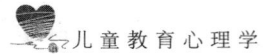

我们应该像对待朋友一样平等地对待他们。这个案例很有价值，因为它向我们展示了一个被溺爱儿童所表现出来的特征。

存在的问题：每一年级的课程都要重修一次，他现在只读到2A年级。

人们很容易会怀疑在入学前几年一直留级的儿童是低能儿童。我们在进行分析时也应该考虑这个可能性。但对于一开始表现很好，之后开始走下坡路的儿童，我们可以排除低能的可能性。

这个男孩经常模仿幼儿的言语。

他想要获得宠爱，因此会模仿幼儿的言行。这表明他心中一定有一个目标，因此才认为表现得像一个幼儿是一种优势。在这个案例中，这个男孩心中有一个有意识的计划，这可以排除低能的可能性。他不喜欢学习是因为他并未准备好上学。因此，他并没有按照学校的社会秩序发展，而是通过与环境的对抗和斗争来表达他的抗争。当然，这种抗争的代价就是他在每个年级都需要留级重读。

这个男孩不服从哥哥的命令，且经常与他的哥哥大打出手。

我们由此可以看出，哥哥之于他是一种妨碍。因此，我们可以假定他的哥哥是一个好学生。而他与哥哥竞争的唯一方法就是做坏事。同时，在他的幻想中，他认为如果他还是个幼儿，他会超过他的哥哥。

这个男孩在二十二个月大的时候才学会走路。

附录二　五个案例分析

他可能患有佝偻病。如果他在二十二个月之前没有学会走路,那么很有可能是因为家人一直看护着他,他的母亲在这二十二个月里一直与他形影不离。这种器官缺陷促使他的母亲更多地看护他、纵容他。

这个男孩很早就学会了说话。

我们由此可以确定他不是一个低能儿童,因为低能的一个重要表现就是在学习说话方面有困难。

这个男孩经常模仿幼儿的言语。男孩的父亲很宠爱他。

男孩的父亲也溺爱这个男孩。

这个男孩更喜欢他的妈妈。他们家中有两个男孩。根据男孩妈妈的回答,男孩的哥哥更聪明。这两个男孩经常打架。

这是同一个家庭中的两个儿童相互竞争的情况。这种情况存在于大多数家庭中,特别是在家庭中的前两个孩子之间。一起长大的两个孩子之间也经常存在竞争。这个情况涉及的心理状态是,当另一个孩子出现时,第一个孩子的宠爱会被削减,而且,正如我们之前了解的(第八章),只有帮助儿童做好合作准备,人们才可以防止这种情况发生。

这个男孩的算术很差。

被溺爱儿童在学习中遇到的最大困难通常是算术,因为算术涉及一定的社会逻辑,而被溺爱儿童恰好欠缺这些社会逻辑。

他的大脑肯定有问题。

我们并没有发现这一点。他实际上非常聪明。

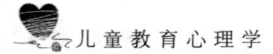儿童教育心理学

男孩的母亲和老师认为他有手淫的恶习。

他可能确实有这个恶习,因为大部分儿童都有手淫的习惯。

男孩的母亲说他有黑眼圈。

虽然人们通常会根据黑眼圈判断儿童是否有手淫的习惯,但我们不能仅因为他有黑圆圈就断定他有手淫的习惯。

他对食物非常挑剔。

我们发现即使是在饮食方面,他也想霸占母亲的关注。

他害怕黑暗。

害怕黑暗也是儿童受到溺爱的一个迹象。

男孩的母亲说他有很多朋友。

我们认为这些朋友都是听从男孩指挥的儿童。

他对音乐感兴趣。

对音乐人的外耳进行的检查是非常具有指导意义的。人们发现音乐人的耳朵具有很好的弧线。当我们看到这个男孩的时候,我们确定他拥有弧线完美而又灵敏的耳朵。这种敏感性可能表现为对和声的喜爱,而耳朵灵敏的人可能拥有更强的音乐能力。

他喜欢唱歌,但他的耳朵有一些问题。

这类人并不能忍受吵闹的生活。而且,与其他人相比,这些人更有可能出现耳部感染。听觉器官的构成是可遗传的,这就是音乐才能和耳部问题会代代相传的原因。这个男孩患有耳疾,而在他的家族中,有很多人具有音乐天赋。

附录二 五个案例分析

　　治疗这个男孩的正确方法是尽量让他更加独立。目前，他并不能独立，并认为他的母亲应该一直陪伴他，永远不能让他独自一人。他总是希望得到母亲的庇护，而他的母亲也很乐意给予他所需的帮助。我们需要让他自由去做他想做的事，即自由地犯错误。因为只有这样他才能学会自力更生。他要学会不与他的哥哥争夺母亲的关注。目前，这两兄弟都认为对方更受偏爱，因此对对方产生了不必要的嫉妒。

　　我们特别需要让这个男孩有足够的勇气面对学校生活中的问题。我们可以设想一下这个男孩不继续上学的后果：从脱离学校的那一刻起，他将误入生活中的无益方面。他会在某一天开始逃学，并在之后完全停止学业，从家里消失并加入帮派。一分的预防胜于十分的治疗，我们需要帮助他适应学校生活，而不是在之后治疗青少年犯罪。学校是一个严峻的考验。但他现在并未准备好以社会方式解决问题，这就是他在学校遇到困难的原因。学校应该鼓励这个男孩重拾勇气。当然，学校也有自己的问题：也许班级过于拥挤，也许他的老师对这项心理鼓励工作没有做好充分的准备。这就是事情的可悲之处。但是，如果能够找到一个可以适当鼓励和激励他的老师，这个男孩重获信心，他就可以获救了。

五

这是一个十岁小女孩的案例。

她在算术和拼写方面比较吃力,且曾因此被送去学校的心理诊所。

对于被溺爱的儿童来说,算术通常是一门很难掌握的学科。被溺爱的儿童并非一定不擅长计算,但这种情况经常出现。此外,我们知道,惯用左手的儿童通常会在拼写中遇到一些困难,因为他们习惯从左向右阅读。他们能够正确的阅读和拼写,但方向是相反的。但通常没有人理解他们。人们只知道这些儿童不会阅读,且只会盲目地评论说他们不能正确的阅读和拼写。因此,我们怀疑这个女孩是惯用左手者。或许,她不擅长拼写是另有原因。现在她在纽约,我们需要考虑这样一个可能性,即她来自另一个国家,不能正确地理解英语。而如果在欧洲,我们就不需要考虑这个可能性。

过去发生的重要事件:这个家庭在德国失去了大部分财产。

我们不知道他们是什么时候从德国搬过来的。这个女孩之前过着富裕的生活,但这种优裕的生活突然结束了。这通常意味着她需要面对一个具有考验意义的新处境。这种新处境将揭示她是否接受过正确的培养,以及她是否具有社会适应能力和勇气。这种新处境还将揭示她是否能承受贫困生活的重负,换句话说，她是否可以与他人合作。不过，她似乎欠缺与人合作的能力。

在德国时，她是一名优秀的学生。但在她八岁时，他们搬离了德国。

这是两年以前的事情。

在这里，她不能很好地适应学校生活，因为拼写比较吃力，而且算术的讲授方法与德国不同。

老师通常不能照顾到这些问题。

女孩的母亲对她宠爱有加，她也非常依赖她的母亲。她很喜欢她的父母。

在被问及最喜欢父亲还是母亲时，儿童通常会回答说都喜欢。儿童通常被教导这样回答问题。不过，我们有很多方法可以测试这个答案的真实性。一个有效的方法是把儿童放在父母之间，在我们与父母交谈时，儿童会朝着她最亲近的人靠拢。我们还可以让父母进入一个房间里，之后让儿童进入。在这个情况下，她也会走到她依赖的人身边。

她有几个与她同龄的女孩朋友，但不是很多。她的最早记忆是：在八岁时，她与她的父母生活在乡下，她经常与小狗在草地上玩耍。他们家之前还有一辆马车。

她记得富裕生活、草地、小狗和马车。这与之前富裕但后来失去财富的人类似：他们总是回顾自己有车、马、豪宅、仆人等的日子。我们可以看出，她对现状并不满意。

她经常梦见圣诞节和圣诞老人带给她的礼物。

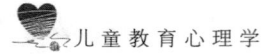

她的梦境可以表明她在现实生活中的愿景。她总是希望拥有更多,因为她感到她拥有的东西被剥夺,她想重新获得过去所拥有的东西。

她喜欢靠着她的母亲。

这是她感到气馁的迹象,这同时还表明她在学校遇到了困难。我们是她明白她比其他儿童面临更多的困难,但只要付出更多的努力和勇气,她可以学好所有科目。

她再次来到诊所,但母亲没有陪她一同前来。她开始适应学校生活,并且可以在家独立完成她该做的事情。

我们之前建议她要独立,不要依赖她的母亲,自己完成所有事情。

她为她的父亲准备早餐。

这是她在逐渐培养合作的意识的表现。

她认为自己现在更加勇敢,而且,她在这次面谈中看起来更加放松。

她被要求回家请母亲一起到诊所来。

她与她的母亲一起来到了诊所,这是她的母亲第一次来诊所。她的母亲一直在努力工作,之前没有到诊所的原因不能离开工作岗位。她向我们解释说这个女孩是他们的养女,是在两岁时被他们领养的,但这个女孩并不知道她是养女的事实。在两岁之前,她被辗转送到过六个地方。

这段过去并不美好。这个女孩在两岁前似乎遭受了很多的磨难。这个女孩曾经可能被讨厌和忽视,之后得到这个母亲的细心照顾。这个儿童想要紧紧抓住这种有利的情况，因为她对她的早期经历形成了无意识印象。这两年间的遭遇可能会给她留下深刻印象。

在女孩的母亲收养这个女孩时，有人告诉她说她应该严格地要求这个女孩，因为这个女孩的出身并不好。

提出这个建议的人深受遗传概念的荼毒。如果女孩的母亲对她要求严格，而这个女孩最后成为问题女孩，那么，这个"法官"会说"你看，我说对了"。他并不知道他才是那个罪魁祸首。

女孩的生母人品不好，而女孩的养母感觉她对女孩负有更大的责任，因为这个女孩不是她的亲生孩子。她有时会打这个女孩。

他们的生活条件不再像之前一样好。这个女孩有时不再受到父母的溺爱，反而会受到惩罚。

女孩的父亲比较宠爱这个孩子，会给她想要的一切。如果她想要某些东西，她不会说"请"或"谢谢"。她会说"你不是我的母亲"。

这个女孩要么是已经知道了领养的事实，要么是恰巧使用了一个正中要害的语句。我们曾遇到过一个二十岁的男孩不相信他的母亲是其生母的情况，但男孩的父母却发誓这个孩子不知道这件事。但他明显有这种感觉。儿童会根据很小的事情做出结论。这个孩子不知道她是被领养的，但她有时会感觉到。

她会对她的母亲说这些话，但不会对她的父亲这样说。

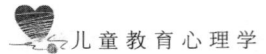

女孩不需要用这些话攻击她的父亲,因为他会给女孩想要的一切。

女孩的母亲不能理解在转入新学校后的改变,并在看到糟糕的成绩单后动手打了这个女孩。

这个女孩的学习成绩比较糟糕,她为此感到羞辱和自卑,而她的母亲却在此时动手打了她,这超出了她的承受范围。这两件事情中的任何一件事情(即无论是被打还是较差的成绩单)都超出了她的承受范围。这是老师应该考虑的问题,他们应该意识到糟糕的成绩单会致使儿童在家里遭遇麻烦。在知道糟糕的成绩单会导致儿童受到父母的打骂后,聪明的老师应该避免发送不好的成绩单。

这个女孩说她有时会突然发脾气。她在学校表现得比较亢奋,且会扰乱课堂秩序。她认为自己应该比其他人优秀。

女孩的父亲会满足她的所有愿望,所以她很容易出现这种渴望。她希望独占鳌头是可以理解的。她过去过着富裕的生活,而现在却感觉她之前的优势都被剥夺了。因此,她对优越感的渴望愈发强烈,但因为她没有适当的渠道表达,她会发脾气,且会制造麻烦。

我们向她解释说,她必须学会合作。我们告诉她,她表现得激动的目的是成为关注的焦点,她突然发脾气也只是让其他人都关注她。她在学校不努力学习的原因是她的母亲因为她的学习成绩而生气,她是在与她的母亲对抗。

这个女孩会梦到圣诞老人带给她很多礼物。但等她醒来时，她发现什么也没有。

这再次表明她总是希望唤起她可以获得自己想要的一切的感觉和情绪。在此，我们一定不能忽视的一个隐患是"醒来后发现什么也没有"。如果我们在梦里唤起这类感觉和情绪，但醒来发现什么也没有，我们自然会感到失望。不过，梦境唤起的感觉与清醒后的情绪是一致的。换句话说，梦境的情感目标不是唤起拥有一切的美妙感觉，而是失望。梦境正是为了这个目的被创造出来的，直到失望生成，目标最终得以实现。在忧郁症案例中，患者就会做各种奇怪的梦，并在醒来后发现事情恰恰相反。我们可以理解这个女孩想要感到失望的原因。她想要控诉她的母亲，因为在她看来，她当前的生活是灰暗的。她感到她一无所有，而她的母亲不能满足她想要的一切。"她打我；只有父亲会给我东西。"

在对这个案例进行总结后可以发现，这个儿童一直想要感到失望，以此来指控她的母亲。她在与她的母亲对抗，而如果我们想要让她停止这场对抗，我们必须让她明白她在家里的行为、她的梦境和她在学校的行为都属于相同的错误模式。她的错误生活风格很大程度上是由这样一个事实引起的，即她在美国生活的时间很短，且没有接受到良好的英语语言训练。因此，我们必须让她明白这些困难是很容易克服的，她现在是故意将这些困难用作武器，以此与她的母亲对抗。我们还应该劝女孩的母亲停止打孩子，以避免给这个女孩继续抗争的理由。我们需要让这个女孩意识到她不专心、忘乎所以，并突然发脾气的原因是想给她的母亲惹麻烦。如果她知道这个,她就会停止这些不良行为。在她明白家庭、学校生活和梦中的所有经历和印象的意义之前,她的性格品质是不可能发生改变的。

由此我们知道,心理学就是了解个体如何利用自己的印象和经历,或者换句话说,心理学意味着了解儿童行事和应对刺激的统觉模式;了解儿童如何看待某些刺激物,如何做出回应,以及如何利用它们达到自己的目标。